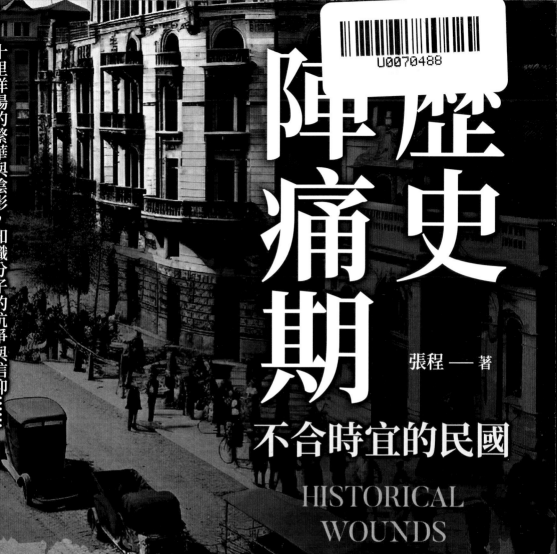

歷史

陣痛期

張程 —— 著

不合時宜的民國

HISTORICAL
WOUNDS

十里洋場的繁華與陰影，知識分子的抗爭與信仰……
中國處在變革的時期，記錄百年之後的時代記意！

「民國肇建，百廢待舉，況以數千年
專制一變而為共和，誠非旦夕所能為力。」

軍閥與革命的拉鋸、文人志士以筆抗爭、徘徊中的大學教育……
民國以蹣跚的腳步前行，卻不知路在何方

目錄

序：關於說明的說明

　　民國是一段歷時將近 40 年的歷史時期，要在這薄薄的小冊子裡，把這近 40 年的裡裡外外都說遍，即使是浮光掠影，也是超乎筆者能力之外的。好在這只不過是一本說明書，我們要做的是引導性的說明工作，而非面面俱到的解讀。無論是人物、社會，還是思想領域，民國值得一書的地方實在太多太多了，即使是幾十卷本的通史或大辭典，恐怕也無法窮盡。因此，筆者沒有自不量力地試圖挑戰學識的極限，而是在這些領域中，挑選一些例子做示範性的講解。它提供的，主要是一種全面認識民國的觀念，以及深入觀察民國的方法。

　　讀者可以以這些範例為參照，繼續閱讀其他資料。要是讀者不打算進一步深入了解，透過這本小書，也能對民國有一個相對全面的認識。

　　如果民國的歷史能促使人做一些思考；能讓人重新體驗祖輩們的青澀韶華；能幫助我們找回失落已久的情感，那本書則提供進入這種狀態的路徑，循著這條路，讀者可能會在民國的這段歷史中，找到自己需要的東西。

　　接下來，關於本說明書的說明對象──民國的概述，是不可缺少的。這是所有說明書都具備的要素。

序：關於說明的說明

一

1911 年 10 月 10 日晚上武昌響起的槍聲，出乎所有人的意料。那是起義計畫暴露、群龍無首狀態下倉促的槍聲。但就是這一聲槍響，讓清王朝土崩瓦解，這更出乎所有人的意料。清王朝的滅亡，或者說是君主專制制度在中國的終結，不是一、兩聲槍響的功勞，而是被中國人拋棄的結果。中國在近代的沉淪、從泱泱大國到令人宰割的巨大落差，幾乎讓全體中國人痛思原因。對比中外發展，當時的中國人，思考的結論是：這一切都是君主專制惹的禍！到 1911 年槍聲響起時，累積了強烈不滿的人民聞風而動，各省紛紛宣布獨立。最後，被朝廷寄予厚望的北洋新軍集體倒戈，隆裕太后和宣統小皇帝不得不在 1912 年退位。

現在看起來，當時的想法太簡單、太理想化了。把近代中國落後的所有罪責歸咎到君主專制制度的頭上，尤其是「憲法未立」、「民權未伸」的頭上，讓大家忽視了許多其他問題。中國社會遠比清末民初的人們想像的更加複雜。

這種簡單化的理想，讓民國一建立，就陷入權威驟失、動盪不安的局面。

孫中山先生在起義成功後趕回中國，立即超越之前曾被考慮為候選人的袁世凱、黃興、黎元洪等人，被推舉為中國第一位總統。他的成功，取決於時人對西式民主共和的著迷；取決於人們對革命黨人的崇敬和厚望。但是，很快的，孫中山為首的革命黨人發現，中國的國情很複雜，能夠推動西式民主共和的力量很薄弱。相反以袁世凱為首的傳統政治力量，扎根中國，實際上很強大。百日後，孫中山即讓位給袁世凱。他感慨：「民國肇建，百廢待舉，況以數千年專制一變而為共和，誠非旦夕所能為力。」不想一語成讖。從此，理想主義的西式政治家，孫中山

也好，宋教仁也好，再也沒有掌握中央實權。

袁世凱為首的軍閥集團，從君主專制體制中破殼而出，也知道君主專制制度積重難返，對民主共和也抱有敬畏之心，多多少少相信民主共和能解決中國的部分或全部問題。民主共和的架子在北京迅速搭建起來，西方也承認了民國。可是無論是北上的革命者，還是掌權的傳統官僚，誰都不知道民主在中國應該如何運作。沒有民主經驗；沒有民主精神；更沒有民主的社會基礎，以議會和選舉為主要代表的民主共和制度，迅速惡化為一個個政壇笑話。先是總統袁世凱和總理唐紹儀就總統和內閣的權限糾紛不清，唐紹儀黯然去職；接著是原本能為各方接受的繼任者陸徵祥，在國會亮相時，講話囉嗦不當，被意氣用事的議員們否決；發展到最後，阿貓阿狗都在國會裡混，人們把國會當成衙門。代議機關被官場黑缸染黑，選票可以公開買賣，議員們成為出入八大胡同的「豬仔」，連累整個民主共和制度威信掃地。

剛開始時，馮國璋因為被報紙稱為「狗」，憤而與記者對簿公堂，表明他還想按照新規則辦事。民主共和降臨中國，上起強權人物，下至販夫走卒，始終不敢等閒處之。即便是曹錕賄選總統，起碼也走完所有流程，「照章辦事」。多數軍閥都「湊分子」，出錢出力，閻錫山出錢，馮玉祥出力張羅，說明民主制度雖然幌子還在，但只剩下可憐的幌子了。於是，原本被掩蓋住的質疑聲，開始響亮起來。西式民主共和，能救中國嗎？

民主在出洋相，政府政績乏善可陳，列強欺辱日漸嚴重，百姓生活持續下降。民國初期退化到了軍閥混戰的局面，連清朝末期都不如。人們開始呼喚中國政治思想中「大一統」的觀念，那就是建立一個統一的國家、建立一個強大的集權中央政府。中國人相信只有這樣，才能制止亂局、救國救民。「國家富強」逐漸發展為壓倒一切的頭號目標，超越了口頭上的「自由民主」，實際上成為全社會的期望。

序：關於說明的說明

　　只要看看上海灘上那塊「華人與狗不得入內」的牌子，所有愛國的中國人都會產生「追求富強、救亡圖存」的強烈意向，贊同上述觀點。誠如恩格斯所說：「人們所期望的東西，很少如願以償。許多預期的目的，在大多數場合都彼此衝突、互相矛盾，或者是這些目的本身一開始就無法實現，或是缺乏實現方法。」

　　袁世凱和民主共和制度「磨合」幾年後，把政局混亂、政令不通，歸咎於共和制度不適合中國國情，在一小撮人的鼓動下，決心恢復帝制，建立強權統治，可以視為「大一統」觀念的回歸，可惜帝制的「殼」已經發臭，不能用了。袁世凱最終遺臭萬年。繼起的各派軍閥強人，不像後人想像得那般不堪。他們幾乎都出身貧寒，報救國之心，年少入伍，掌權後也想舒展抱負，救國濟民，可惜誰也無法找到解決層出不窮問題的鑰匙。國民黨經過自我改造後，希望以強大的黨，驅動強大的國家。可惜國民黨先天不足，派系林立、腐敗橫行，始終無法真正統一中國。中間又有日本入侵，全民抗戰。抗戰期間，國家意識空前高漲，國民政府權威陡然提升。又可惜國民黨沒能利用民眾情緒，更沒能解決內在問題，白白浪費大好良機。

　　在中國人從反對專制傾心民主共和，到對西式制度失望的過程中，歐美國家扮演了不光彩的角色。整個民國時期，歐美國家在對華問題上堅持兩點：第一是堅持維持和擴大在華特權利益，而這些利益日益成為中國仁人志士詬病的對象；第二是歐美始終不願意一個強大、平等的中國崛起。這就導致國內反歐美情緒在逐漸累積。

　　清末和民國初年，傾慕西方、呼籲學習西方的中國人不在少數。1940 年代，多數中國人轉變為抨擊西方，反對西方在華勢力的存在。這種情緒一直延續幾十年。

　　以上就是民國政治發展的概況。真實情況比文字的勾勒要豐富多

彩，也要複雜得多。它是一個劇變的時代；一個破碎和重生的時代；一個沉淪和奮起的時代。中國人沉浸在前所未有的變革之中，走過北洋政府、國民政府、內戰、抗戰，走過種種思潮的衝擊、沉沉的心理落差、衝向美好藍圖的衝動和失敗的委屈，日子過得艱難而剛強，最終走向了現代，走進了我們能夠觸摸的歷史。

二

　　中國社會有權力氾濫的傳統，但直到清朝中期，社會還保持著「小政府、大社會」的格局。近代後，尤其是民國時期，傳統社會結構發生劇變，政府角色在整個社會中一枝獨大。為什麼會發生這樣的變化呢？這是一個值得探討的問題。

　　近代人們對國家富強的渴望，超過了對自由、民主、寬容等的追求。國家的力量被過度強調，人們把富強的主要希望，寄託在政府身上，忽視了也許「政府本身就是問題」。

　　近代中國沒有成長出制衡政府的力量。傳統社會中，在官府和個人之間，還有一個強大的士紳階層，包括有功名的讀書人、退休或在籍的官員、少數讀過書的地主或富商等。遍布各地的士紳，上傳下達，在朝廷諸公和山野村夫之間，發揮橋梁作用，他們是社會公益事業的熱心組織者和贊助者，是鄉間糾紛訴訟的調解者和主持者，也是官府和百姓都信得過的人。士紳的力量相對獨立，能夠制衡官府。

　　在現實中，歷朝歷代的地方官府，都重視本地士紳，遇到大事都會找士紳們商量。此外，宗族也是一個制衡力量。但是，士紳也好，宗族也好，都在洶湧澎湃的近代變革浪潮中，被沖得七零八落。劇變的中國社會，已經沒有傳統士紳孕育和作為的土壤了。西方社會，除了個人和

序：關於說明的說明

政府之外，還有獨立的立法、司法、教會、媒體等力量。但這些力量在近代中國始終沒有真正發展起來，更談不上制衡政府了。

這些因素，加上泛權力的傳統，民國時期政府力量不斷壯大，社會的寬容度逐漸縮小，學界和知識分子的獨立性，也被動或主動地降低。這是近代變革給我最大的感覺。當然，這場大變革的關鍵詞，除了政府權力，還有許多，比如「現代化」、「革命」、「轉型」……等。

現代化可算是大變革的目標、方向。被西方列強震撼後，中國人以現代西方為樣板，改造自己，稱為現代化。現代西方的確比中國先進，比中國強大。但什麼是現代、什麼是國際標準？我們又該以哪一國或哪一類國家為參照，進行現代化？在現代化過程中，中國文化和傳統社會又該何去何從？這些問題顯然也爭議不斷，且影響到現在。

革命，相對於改良而言，是變革的劇烈形式。近代中國在沉淪，一度走到亡國滅種的邊緣；變革不盡如人意，一度走進了死胡同，迫切追求光明的熱血中國人按捺不住，用革命來推動社會前行。革命是否是近代變革的主流形式，能否達到預定的目的，是否比改良更加有效？這些同樣是爭議問題。革命者在當時總是少數派，是孤寂的，但對他們個人和革命精神，後人應該永存敬佩和緬懷之心。

如今喜歡用「轉型」來定義一百多年來中國社會的劇烈變革，大致意思是中國社會從幾千年的傳統形態，變為與世界接軌的近代形態。這種轉型是怎麼產生的，主要有兩種觀點：第一種觀點認為，中國社會的轉型是一種「刺激──反應」模式，近代中國落後了、挨打了，先被欺負，然後求變求強；第二種觀點認為，中國社會是自發的轉變，傳統社會蘊含著轉型的推動因子，推動舊社會蹣跚走向新形態。

不管兩種觀點孰對孰錯，有一個基本事實是雙方共認的。那就是近代中國變革，面對一個強大的外部參照物。中國人對轉型原因的探索，

經歷了從「華夷」到「中西」再到「新舊」的思想變化。這背後雖然貫穿著對實效的現實追求，但難掩救國圖強的迫切願望。

民國只是從近代開始的中國劇烈變革的一個階段，不是起點，更不是終點。

如今我們依然處於一個變革的環境。

了解歷史是為了更加了解現實；了解我們走過的路，是為了更加了解我們所處的現實環境。對歷史的反思需要一個恰當的時間點，隔開整整 100 年，也許是一個不錯的時間點。

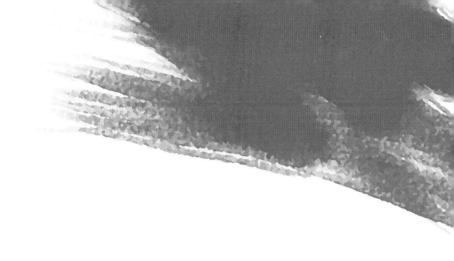

人們

北洋軍閥：新時代門檻上的迷茫者

　　民國歷史紛繁複雜，人物和事件特別多，加上軍閥混戰，多個政權並存，旁觀者往往不知道如何入手去閱讀和觀察。

　　我們不妨根據時間界線，把民國歷史分為不同的時期，讓複雜的歷史清晰起來。大致上，民國可以分成兩個時期。從 1912 年中華民國臨時政府成立，到 1928 年 4 月張學良在東北宣布易幟是第一個時期，我們習慣把它稱為北洋軍閥或北洋政府時期。從 1928 年 4 月～1949 年是第二個時期，一般被稱為國民政府時期。國民政府時期的 21 年歷史，是民國史的「顯學」，說得很多，大家知之也多。而北洋政府時期因為人事複雜、政局動盪，國家處於四分五裂的狀態，一般讀者如果沒有專心研究過，都不太清楚其中的細節。透過觀察各派軍閥，我們大致能梳理清楚北洋政府時期的歷史脈絡，也能明瞭民國的第一個面貌。

　　北洋軍閥時期一共 16 年，可以進一步分為四個階段：從 1912～1916 年是袁世凱統治的 4 年；1916～1920 年是皖系軍閥段祺瑞執政的 4 年；1920～1924 年是曹錕、吳佩孚直系軍閥統治的 4 年；1924～1928 年是張作霖、張學良父子的奉系軍閥控制北京政府的 4 年。每個階段恰好都是 4 年。

　　如此劃分，並不是完全精確的。在每個階段開始時，都有一段過渡時期，比如 1912 年袁世凱攝政時，存在著一年左右的袁世凱和革命黨人共同參與政治的過渡時期。而段祺瑞的皖系軍閥在袁世凱死後，也曾經有段時間和總統黎元洪分享政權，其間種種不和還導致了「府院之爭」；曹錕、吳佩孚的直系軍閥，在 1920 年聯合奉系軍閥張作霖一起排擠掉段祺瑞上臺，他們和奉系有過一段合作時期；1924 年奉系軍閥張作霖又聯合馮玉祥的國民軍和已經下野的段祺瑞，一起推翻了曹錕、吳佩孚的直

系政府，他們三方存在一個共同執政的時期。所以說四個階段劃分並不是絕對的。

　　北洋政府的體制也在變。前三個階段，基本上是正常的政府結構，有總統作為國家最高元首，有國會和內閣；第四階段開始時，存在一個執政府，沒有總統和國會，段祺瑞以「臨時執政」的名義為國家的最高元首。段祺瑞在 1926 年因為「三一八慘案」下臺，張作霖粉墨登場。他乾脆成立一個軍政府，自任中華民國陸海空軍大元帥。因此有一個從總統到臨時執政、到軍政府、到大元帥這樣的過渡。時間劃分和歷史梗概，是枯燥的。但是它為我們了解以下鮮活的細節與歷史主幹，提供了標準。

袁世凱為什麼要當皇帝？

　　說到北洋軍閥，必須從袁世凱說起。袁世凱不僅是北洋政府的締造者，也是北洋各派軍閥的締造者，北洋各派軍閥幾乎都是從袁世凱那裡分裂出來的。在很長的一段時間裡，袁世凱的歷史評價很低，長期是個負面的形象。在評價最低的時候，袁世凱受千夫所指、萬人唾罵，他在河南的墳墓還被人挖出，骨灰揚棄。現在袁世凱好像只剩下幾根枯骨，存放在河南安陽的博物館裡。

　　最近幾十年來，也就是從 1990 年代末開始，中國國內對袁世凱的評價正面起來。他的形象開始提升，人們越來越認知到袁世凱在中國近代社會轉型、國家發展過程之中做出的貢獻，尤其是袁世凱引進了許多西方的器物文明和近代制度，對中國社會的改革造成相當大的推動作用。但是，不管袁世凱做出多大的貢獻，他身上有一個致命的汙點是沒有辦法抹去的，那就是他在 1916 年悍然稱帝，復辟帝制。每個政治人物，

人們

他處在什麼樣的地位，就應該承擔什麼樣的責任。對袁世凱來說，他在中國社會轉型的關鍵時期掌握了國家政權，那麼他就有責任為中國的發展和進步找到正確的道路。但是，袁世凱非但沒有去找正確的社會發展道路，反而進行復辟，開了歷史倒車。這一點，無論如何袁世凱都難辭其咎。

有人說袁世凱這麼做，是一失足成千古恨。如果袁世凱不開歷史倒車、不復辟，那麼他在中國歷史上的形象，應該是正面、積極的。可惜，歷史是不能假設的。我們來看看袁世凱為什麼要當皇帝。

袁世凱總共活了 57 歲，從 1859 ～ 1916 年。我們說他是北洋政府的締造者和民國初期多數軍閥的源頭，但實際上袁世凱生活在民國的時間只有 4 年，即從 1912 ～ 1916 年。他 57 歲人生的前 53 年，都生活在清朝。袁世凱的一隻腳已經踏入民國，但身體的絕大部分還留在清朝。這樣一位橫跨兩個時代的人，他的主要政治思想是傳統的，是屬於晚清的。

在晚清，袁世凱的活動又可分為兩個時期。第一時期，袁世凱走的是一條傳統的中國人求官、當官、做事的路。袁世凱出生在河南項城一個官宦人家。所謂的官宦人家，主要是指他的叔祖袁甲三曾經當過封疆大吏，到他父輩時，家人只是清朝普通的中級官員。家庭對袁世凱的期望很高，希望他走科舉、考試、當官的道路。很遺憾，袁世凱讀書的能力不強，對讀書沒有什麼興趣，一輩子連個秀才也沒考上。多次科舉落第後，袁世凱主動放棄這條路，利用家族的人脈關係和資源，走另一條道路。袁家有個世交叫做吳長慶，他是淮軍的重要將領，當時統帥著以他的名字命名的慶軍，駐紮在山東。袁世凱就是去投靠他。

吳長慶對遠道而來的世姪很關照，留袁世凱在軍隊裡幫辦營務。這裡的營務類似現在的辦公室事務，袁世凱就相當於吳長慶的辦公室主

任。袁世凱讀書不怎麼樣，但是辦事能力很強，把慶軍營務打理得井井有條，深得吳長慶的信任。後來吳長慶奉調朝鮮，平定朝鮮局勢，就帶著袁世凱去。袁世凱在朝鮮紛繁複雜的局面下，處置得當、嶄露頭角。於是，吳長慶回國時，就留一半的軍隊在朝鮮，由袁世凱統帥。袁世凱在之後數年的時間裡，既要應付朝鮮內部各政治派系的紛爭，又要抵抗虎視眈眈的日本勢力的覬覦和入侵。他手上的牌很少，背後是一個積弱不振的王朝，但袁世凱把朝鮮局勢控制得很好，且成功遏制了日本勢力的侵犯。他幫朝鮮國王按照西方的近代軍法，訓練了一支新式陸軍。這次訓練的經驗，讓袁世凱對西方近代軍事有了了解。

1895 年中日甲午戰爭爆發，清朝軍隊一敗塗地。清廷上下都意識到，進行軍事改革，必須建立一支新式陸軍。那麼新式陸軍在哪建？由誰來負責呢？他們選擇了天津小站鎮，負責人就選擇了袁世凱。之前，袁世凱把自己的練兵心得寫成兵書，遍呈朝野達官顯貴，希望他們能夠引薦自己，如今終於得償所願。1895 年，袁世凱來到天津小站。從此，天津小站不僅是一個地名，也成為袁世凱的福地，成為北洋各派軍閥的發源地。

在小站，袁世凱訓練出一支私家軍。後人常常把袁世凱稱為軍閥，但「軍閥」在近代中國並不是以他為始作俑者。湘軍的曾國藩和淮軍的李鴻章何嘗不是軍閥？我們看看他們是怎麼組織軍隊的。曾國藩組織軍隊主要靠血緣和地緣。他依靠親朋好友以及同鄉、同學來組織軍隊。比如他的某個同鄉能招募到一個營的兵力，他就委任這個同鄉為營長；如果這個同鄉能招募到一個團的兵力，他就委任這個同鄉為團長，依此類推。湘軍一層一層建立起來，官兵一級一級對上負責，最後所有人的權力和指揮都歸到曾國藩手中。這樣曾國藩就組織了一支子弟兵，全軍上下都要服從曾國藩的指揮。李鴻章的淮軍也與之類似。但是，袁世凱組

織的小站新軍，並不是按照血緣、地緣關係組織的。他在招募士兵的時候非常挑剔。

袁世凱挑選士兵，主要看應徵者長相是不是忠厚、個性是不是老實。如果某人出生於市民階層，並且油嘴滑舌，袁世凱肯定不用。另外，袁世凱對那些游手好閒、抽鴉片的人，也堅決斥退。所以，袁世凱重用的官兵都是像曹錕、張勳之類，看起來傻傻的、有點肉的、彪形大漢的人。

這些標準，確保了小站新軍的素養。袁世凱的這種做法，被後來的各派軍閥所沿用。比如後來馮玉祥在招募軍隊時，就秉承兩個標準：一是看這個人是不是農村來的；二是要看看這個人手上有沒有老繭。如果應徵者是手上長滿老繭的農民，立刻錄用；相反，如果應徵者長相清秀、油嘴滑舌，立刻辭退。這樣招募而來的士兵，有一個好處，就是全軍上下管理起來比較方便，部隊凝聚力比較強。最後馮玉祥的軍隊，上上下下都只認馮玉祥，不認其他人。北京政府曾經撤換馮玉祥的職務，結果遭到馮玉祥部隊上上下下一致的反對，害新任命的旅長不敢上任，北京政府最後只好把馮玉祥請回來，官復原職。

另外，袁世凱為了保證新軍對自己忠誠，加強官兵的教育。袁世凱招募的那些農民子弟，心地比較單純、善良，對他們進行教育的難度相對小一點。袁世凱教育他們，你們的衣食父母是我袁世凱，不是朝廷。同時，袁世凱也教導他們一些基本的文化知識和西方近代軍事知識，讓他們看到事業發展的前景。我們知道，在中國傳統社會裡，像袁世凱招募的這些普通農民子弟，不要說在官場和仕途上有什麼發展，單單就確保最基本的溫飽生活，也是有難度的。但是現在，袁世凱不僅給他們吃的、穿的，不僅教導他們識文、學字，還描繪了個人發展的美好前景，讓他們意識到自己在新軍編練事業中，能夠實現個人價值。這對那些農

民子弟很有吸引力，他們很自然的就把個人前途和實現人生價值，與袁世凱的命運捆綁在一起。只要袁世凱發達了，他們的前途也就光明了。套用一句現在的話來說：袁世凱在用「事業留人」。他在小站盡量做到「人盡其才，才盡其用」，讓每個人都有一席之地，都有一些作為。

難能可貴的是，袁世凱能盡量摒棄各種人際關係的干擾。比如袁世凱是河南項城人，但他的部隊裡，幾乎沒有項城的子弟。有河南老鄉來找袁世凱，袁世凱該給錢的給錢，該寫條子幫忙辦事的幫忙辦事，但就是不留他們在手下當官做事。對於部屬，袁世凱噓寒問暖，有什麼困難盡量解決。比如袁世凱的部下阮忠樞，在外面認識了一個妓女，想和這個妓女成親。袁世凱不同意，因為軍官不能攜帶家眷入營，更何況還是妓女。遭到反對後，阮忠樞一度非常沮喪。有一次，袁世凱派阮忠樞去天津辦事，辦完事後，幾個同事拉著他來到一處庭院。阮忠樞驚喜地發現，與自己相好的妓女，在這個庭院裡，被袁世凱好好地養著，袁世凱還把這個庭院買下來送給阮忠樞。從此，阮忠樞對袁世凱感恩戴德，唯袁世凱馬首是瞻。就這樣，整個小站新軍練成了一支「不知有朝廷，只知袁世凱」的私家軍。

袁世凱正是依託北洋新軍這個最大的政治資本，在晚清和民國初期的官場上，縱橫捭闔、所向披靡。1911 年革命爆發時，袁世凱是南北雙方都能接受的、結束亂局、穩定政局的最現實人選，因為他掌握著中國最強大的軍隊；同時他在清末展現出來的改革、務實和創新的面目，能夠為各方所接受。1912 年，袁世凱接替孫中山就任臨時大總統。全國上下對他寄予很大的希望，不管是革命黨人、舊官僚，還是普通老百姓，都希望袁世凱在新的、民主共和的平臺上，能繼續他在清末的改革、務實和創新，引領中國走向和平、民主和富強。

但是，袁世凱怎麼就一步一步走向復辟和黃袍加身了呢？

人們

　　在這個過程中，有幾個原因是我們不能忽視的。第一個原因是，民國雖然建立了，議會也成立了，但是議會民主該怎麼做，當時全國上下都處於一種模糊狀態。新當選的第一屆（民國元年）國會議員，都很有熱情，也想把議會做好，但是缺乏現實的操作經驗和能力。比如開會時，議員們首先要為會議的議程爭論不休；比如今天開會是要選舉議會的議長，大家卻還在爭論如何投票、如何計票、如何保證過程的公正透明；又比如今天要討論一個議案，提案者當然希望議案順利通過，跟他關係好的人會全力支持，跟他關係不好的人，則可能不是因為議案內容，而是因為反對提案者而出來阻撓通過。如果這個議案被通過了，那麼反對者會接受不了失敗，可能抓起椅子就上去打架。同時議會對自身在整個政治體制中處於什麼樣的地位，並沒有明確的認知。畢竟它是中國社會的新興事物，議會和各個政府機關、各級政府間該怎麼銜接，大家都沒有想好。結果就導致了政局混亂。

　　袁世凱當上了大總統，反而覺得治理國家時，處處不能得心應手。在晚清，袁世凱當過直隸總督、北洋大臣，也當過外務部大臣和軍機大臣。當時他治國理政，要處理各式各樣的人事關係，但現在除了要處理人事關係外，還要處理一個到處在挑刺、在氣憤的議會。民國初期，政治混亂帶來了國家混亂、財政銳減。這讓袁世凱覺得，在民國還不如在清朝能施展身手。一開始，袁世凱是尊重議會的，希望按照議會的規矩辦事。當時整個社會尊崇民主共和，認為議會是先進的，但大家都不知道議會該怎麼操作。這個不知道操作的惡果，最先受害者就是袁世凱。袁世凱在與議會（也包括最初聽命於議會的內閣）的種種磨合中，切身感受到議會政治在中國的不成熟。之前 53 年在清朝任官的政治經驗，讓袁世凱對於執政的效能有切實的追求，他希望自己的政策主張能夠貫徹下去。1913 年，袁世凱開始不尊重議會了。他透過流氓手段，逼迫國會

選舉自己為正式大總統，國會照辦了。袁世凱並沒有遭到強大的反對。這讓他產生了一個錯誤的看法，就是強權統治比遵守議會的各種規章制度，更能貫徹自己的方針政策、更有效率。於是，他回歸到清朝末期那種強權統治的狀態上去了。

第二個原因是，民國雖然成立了，但是強大的中央政府並沒有隨之成立。一個強大、統一的中央政府，是中國歷史發展的常態，也是中國人想當然的心理常態。從晚清開始，中央弱、地方強，實權歸於地方的狀態就已經出現。民國成立後，這種中央衰弱、地方實力壯大的趨勢進一步加強。袁世凱站在中央的角度，當然希望恢復強幹弱枝的狀態，希望有一個強勢的中央政府來推動自己的各項方針政策，但他面臨的局面比慈禧太后更糟糕。首先，南北在對峙。南方各派軍閥不是出自北洋，他們不買袁世凱的帳。袁世凱的命令可能只局限在華北和長江流域一帶。第二，即便是華北和長江流域一帶那些出身北洋的將領們，也越來越不買袁世凱的帳，地方割據稱雄的情況開始出現，讓袁世凱感到民國初期中央的地位和權威，甚至比清末都不如。所以袁世凱花了很大的力氣去削弱地方、壯大中央，比如鎮壓「二次革命」、比如設立將軍府。

第三個原因是，袁世凱身邊的人慫恿他復辟。他們大談民主共和的壞話，讓袁世凱萌生復辟帝制的念頭。在袁世凱身邊慫恿的人可以分為三類：第一類人以楊度為代表。這類人真心實意地覺得民主共和是有問題的，可能不適合中國國情，中國適合強權統治。民主共和在一個國家的建設是需要基礎的，它需要這個國家有一定的文化傳統去接受民主共和，需要國民具備一定的政治素養去實行民主共和。以楊度為代表的這派人就認為，在中國移植民主共和太快、太早了。袁世凱的政府顧問、美國政治學家古德諾（Frank Johnson Goodnow）和日本的有賀長雄就認為，君主共和制可能更能解決中國面臨的各式各樣問題。古德諾還

人們

提出一個觀點，在民主共和制下，最高權力時刻處於競爭中，選票也好、軍事政變也好，最高權力的傳承是公開的，人人都可以覬覦大總統的寶座。這點擊中了袁世凱的死穴，他擔心有人覬覦他的地位，讓他不能全心全意地去推行自己的政策方針。在中國傳統政治語境當中，只有鞏固了權力和地位，你才能安心地去推行自己的政策方針。現在，不僅總統的任期是有限的，同時人人都有可能競選總統，議會又有彈劾、罷免總統的權利，這就讓袁世凱覺得自己受到威脅，地位受到地方實力派的覬覦。

第二類人是一些想透過復辟追求榮華富貴的人，以袁世凱的大兒子袁克定為代表。袁克定覺得在民主共和制下，總統的兒子並沒有替自己帶來任何法律上的好處，既不能讓袁克定獲得一官半職，又不能保證自己在老爸死後能繼承政治遺產（哪怕不是總統）。但是，一旦父親袁世凱登基稱帝了，那麼袁克定即便不能成為太子，也能撈到一個世襲的爵位。所以袁克定積極慫恿老爸登基稱帝，他不惜偽造報紙，讓父親誤以為全國的輿論都在鼓吹帝制。

在袁世凱身邊慫恿的第三類人是軍閥。這些軍閥掌握了地方的實權，希望不斷壯大實力，而袁世凱推行的強幹弱枝政策，侵害了他們的利益。他們知道袁世凱陰謀復辟的計畫，但是他們沒有反對，很多人還幫忙搖旗吶喊。為什麼？因為他們希望袁世凱復辟，然後讓他們有討伐袁世凱的借口。畢竟民主共和在中國一旦降臨，人們會普遍接受民主共和的觀念。近代一次次沉重的失敗，讓中國人意識到民主共和比封建專制還優越，這樣的人心不會允許有人復辟。各地軍閥對袁世凱復辟睜一隻眼閉一隻眼，是想看袁世凱跳進火坑。

袁世凱的復辟決心也不是鐵定的，也有過猶豫。在復辟前夜，他曾對心腹大將馮國璋說：皇帝子孫「鮮有善終」，不知道當皇帝對袁家是好

事還是壞事；而自己的幾個兒子都不成器，即便當了皇帝，也不放心把江山交給他們。這話雖然有欺騙馮國璋的意思，但多少也透露了袁世凱的顧慮。

1916 年 1 月 1 日，袁世凱正式成立了他的洪憲帝國。成立之前，在 1915 年年底，蔡鍔率領的西南軍閥，就已經打響討袁槍聲。袁世凱一旦復辟，以親信馮國璋、段祺瑞為代表的北洋軍閥們，祕密地向袁世凱表達了反對的意見。而最讓袁世凱接受不了的是，他一手提拔起來、寄予厚望的四川督軍陳宧、陝西督軍陳樹藩和湖南督軍湯薌銘公開宣布獨立，反對袁世凱。最後袁世凱在眾叛親離當中死去。當時有民謠說袁世凱是「起病六君子，送命二陳湯」。這六君子指的是以楊度為代表的籌安會裡的六個主角，社會上稱為「籌安六君子」。這六君子都賣力鼓吹君主帝制比民主共和還好。那「二陳湯」指的就是陳宧、陳樹藩和湯薌銘。

袁世凱死後，子女想把他的靈柩遷回河南項城老家安葬，結果遭到老家族人的一致反對，由此可見袁世凱的復辟多麼不得人心。袁世凱小的時候，叔叔問他：「你有什麼志向和抱負？」袁世凱說希望自己能夠流芳百世，不希望遺臭萬年。非常遺憾，袁世凱最終還是遺臭萬年了。

段祺瑞的向遠看和馮國璋的向下看

袁世凱死後，北洋政府進入了以段祺瑞為首的皖系軍閥掌握實權的階段。

段祺瑞是「北洋三傑」之一。「北洋三傑」分別是王士珍、馮國璋、段祺瑞。王士珍被叫做龍，段祺瑞被稱作虎，馮國璋得名狗。為什麼叫王士珍是龍呢？倒不是因為王士珍的出身有多麼顯貴，而是因為王士珍這個人在政治上比較超脫，他並沒有介入民國初期的政治糾葛，神龍見

人們

首不見尾，所以人們稱他是龍。而叫段祺瑞是虎、馮國璋是狗，則是根據他們兩個人的性格來說的。

段祺瑞這個人為人霸道、虎虎生威，像喜歡眺望山林的山林之王一樣，看得比較遠，視野開闊，格局比較大。段祺瑞酷愛圍棋。在中國傳統文化中，文人騷客總是把圍棋和治國理政放在一起，認為下圍棋需要運籌帷幄。圍棋下得好的人，治國自然也是長項；而善於治國理政的人，圍棋也會下得好。段祺瑞就把下圍棋當作檢驗自己治國理政能力的一個標準。但是他自視太高，下圍棋只能贏不能輸。陪他下棋可就是一件苦差事了。因為段祺瑞下了幾十年棋，棋藝還是很差，只要是受過訓練的人，一般都能贏他。你陪段祺瑞下棋要輸，還要輸得讓段祺瑞看不出破綻，這就不是一般高手能做得了的。通常都是頂尖的圍棋高手陪段祺瑞下棋，下得那叫一個驚心動魄、一波三折，最後段祺瑞以一目或者半目的微弱優勢勝出。下完了，段祺瑞贏了，哈哈大笑。我們從段祺瑞的這個愛好，可以看出他的爭強好勝，所以人們稱他為虎。

馮國璋的性格剛好相反，他的眼睛老是往低處看，眼界比較狹窄。舉個例子，馮國璋喜歡吃醬肉，為了防止僕人偷吃，買醬肉的時候，都會要求僕人切成規規矩矩的長方形或正方形回來。他吃醬肉是親自拿著小刀切。有時候朋友來了，他才好不容易切兩、三片醬肉招待朋友，但他又捨不得多給，所以把每一片醬肉切得跟紙片一樣薄。切醬肉的小刀上沾了一點肉末，馮國璋都要用舌頭把肉末舔乾淨，有時不小心割破了舌頭，舔得他滿嘴是血。還有，馮國璋是北京城裡有名的蹭飯高手。哪戶人家或哪個同事家裡擺了宴，馮國璋只要知道，肯定是每席必到、風雨無阻。段祺瑞看不起馮國璋這種品格比較低的同事，說馮國璋這個人就是一個「錢痴」。所以，人們把馮國璋稱作狗。

我們在政治上也能看到馮國璋和段祺瑞的差別。從個人能力上來

看，段祺瑞略遜於馮國璋。馮國璋是北洋軍閥中，少有的考取過科舉功名的人。他當年在直隸武備學堂當學生時，抽空回到原籍考了一個秀才。而段祺瑞的文字功底比馮國璋要差得多，不僅沒有考取過功名，且為了通過軍官資格考試，還委託他的主公袁世凱出面幫他疏通關節。北洋軍成立以後，碰到的第一場硬仗是鎮壓武昌起義。鎮壓武昌起義的實際指揮官是馮國璋，但是大家都把功勞記在段祺瑞頭上，北洋內部都覺得段祺瑞的功勞比馮國璋大。為什麼呢？最初清朝派段祺瑞率領北洋軍精銳去進攻武昌，段祺瑞拖拖拉拉走了好幾天，北洋軍硬是連河南都還沒到。紫禁城裡的隆裕太后和載灃越看段祺瑞那樣，越不像是去鎮壓革命的，反而像隨時可能反撲紫禁城的叛軍。沒辦法，他們只好重新起用袁世凱，要袁世凱出面率領北洋軍去進攻武昌。這樣段祺瑞就有了幫助袁世凱東山再起的大功勞。袁世凱出山後，換馮國璋去前線指揮。馮國璋指揮北洋軍一口氣攻下了漢陽、漢口兩座重鎮，封鎖長江江面，對武昌城形成了兵臨城下的威逼態勢，應該說是立了一件大功。清朝也很滿意，封馮國璋為一等男爵。馮國璋打鐵趁熱，督促北洋軍要渡江去攻下武昌，力爭把革命軍斬草除根。但這就犯了袁世凱的忌諱。袁世凱在辛亥革命爆發之初，有著養寇自重的心思。如果革命軍都被馮國璋消滅了，清朝還用得著袁世凱嗎？所以袁世凱對無法理會自己心意的馮國璋這條狗，還真有一種說不出的無奈。他臨陣換將，把馮國璋調了回來，又派出段祺瑞。段祺瑞猜透了袁世凱的心思，到了武漢前線，跟革命軍打打停停、停停打打，和革命軍談來談去，最後把袁世凱談成了民國的臨時大總統。所以，段祺瑞又替袁世凱立下了第二件大功。

在談判過程中，段祺瑞還時不時地帶領北洋將領，今天發一封電報，說要擁護君主立憲、效忠朝廷，向革命軍施壓；明天又發一封電報，告訴隆裕太后和載灃，說現在國民傾向共和、北洋軍傾向革命，逼

人們

隆裕和宣統小皇帝趕緊退位。電報戰打來打去，很熱鬧，前線炮聲隆隆
也顯得段祺瑞很忙。這樣，全國上下看段祺瑞簡直是「締造共和」的一
個英雄。在北洋軍閥內部看來，段祺瑞也是風風光光的前線總指揮。這
可苦了之前在前線賣力、付出心血和汗水的馮國璋，什麼好處都沒得到。

民國成立後，段祺瑞成了袁世凱的陸軍總長。在陸軍總長職位上，
段祺瑞扶持親信，擴充勢力，最後形成了自己的皖系勢力。至於馮國
璋，袁世凱則用其長，還是讓他去前線打仗。「二次革命」期間，馮國
璋奉命率領北洋軍開進江蘇，攻下了南京。從此馮國璋就在南京待了下
來。袁世凱死後，段祺瑞和馮國璋正式形成各自的派系：皖系和直系。
皖系以段祺瑞為首，因為段祺瑞是安徽六安人；直系以馮國璋為首，因
為馮國璋是直隸河間人。皖系大約占據了現在的山東、安徽、浙江等
地，而直系占領著江蘇、江西、湖北、河北等地，這是兩個最大的北洋
派系。1916～1920年，是段祺瑞在北京政府最風光的幾年。這幾年
當中，段祺瑞陸續擔任陸軍總長、內閣總理，舉全國之力來擴充自己的
勢力。馮國璋當選副總統，但是捨不得江南富庶之地，一直兼任江蘇督
軍，賴在南京不願意到北京上班。

袁世凱死後，按照約法，繼任大總統的是黎元洪。段祺瑞爭強好勝
的性格，讓黎元洪受不了。很快的，黎元洪這個總統與段祺瑞把持的內
閣之間，就發生了「府院之爭」。

「府院之爭」的原因很複雜，既有袁世凱時爭端的延續，也有一系列
個人性格造成的衝突。

袁世凱時期，政府和立法院、參議院之間的關係就沒有理順。段祺
瑞擔任總理以後，強力推行「武力統一」政策，實際上就是舉國家之力，
幫助他的皖系部隊統一全國。但是，第一屆國會對段祺瑞的內閣總是指
指點點，讓一身霸氣的段祺瑞無法接受。而總統黎元洪雖然無兵無將，

卻和臨時立法院聯合起來，與段祺瑞唱起了對臺戲，雙方在一連串問題上都不合拍。段祺瑞和一些部下的性格，也讓黎元洪和議員們無法接受，比如段祺瑞最信任的祕書長徐樹錚。

徐樹錚人稱「小諸葛」，精力充沛，恃才傲物。他常常拿著一大堆文件要黎元洪簽署，今天是任命幾個廳長，明天是擴充部隊。黎元洪有時不勝其煩，就問他這個文件是怎麼回事，或者說「留著我要看看」。徐樹錚會毫不客氣地說，這些文件都是段總理看過的，總統簽字就是了。他根本就不解釋，也不把語言說得婉轉一些，弄得黎元洪很不高興。更讓他不快的是，徐樹錚很沒有禮貌，來了，就拿著文件要黎元洪簽字，簽完字後，一句感謝和寒暄也沒有，就走了。其實，這並不是徐樹錚看不起黎元洪，而是徐樹錚此人性格就是如此。他去老闆段祺瑞家裡也是如此，談什麼事情，會三言兩語把事情扼要地講完，談完後徐樹錚馬上告辭回家，既不在段祺瑞家留宿、吃飯，更不向段祺瑞送禮、寒暄。但是黎元洪無法接受這樣的性格，黎元洪的祕書長張國淦和議員們也都無法接受徐樹錚的性格。

雙方的衝突在第一次世界大戰期間爆發出來。第一次世界大戰期間，段祺瑞和徐樹錚要參戰，參戰的目的是爭取日本的援助，用外援訓練軍隊，擴充皖系力量。而黎元洪和國會傾向於美方立場，希望不參戰，保持中立，利用歐洲列強作戰的機會，抓緊時間發展經濟。雙方在參戰問題上，把先前的爭端一併激發出來，發展到難以調和的程度。黎元洪一氣之下，利用總統的權力，下令免去段祺瑞的內閣總理職務，段祺瑞一生氣，去了天津。段祺瑞雖然去了天津，但是他的黨羽和軍隊，依然盤踞在北京政府各個要害部門。而黎元洪依然是個虛位總統。

這個時候，一個人出場了。這個人就是張勳。

拖著辮子的張勳

張勳是個值得大書特書的人物。他身上匯聚了那個時代的很多優點、缺點。

張勳出身於北洋。但他的年紀比袁世凱還大五歲。北洋系統內的很多人，其實和袁世凱年紀相仿。比如馮國璋是和袁世凱同一年出生的，段祺瑞只比袁世凱小兩歲，而這個張勳則比袁世凱大了五歲，但他們三人在政治輩分上，都是袁世凱的晚輩，是袁世凱的部下。

張勳是江西奉新人，他是無產階級子弟。張勳出生在赤貧的農家，二十多歲時在農村實在過不下去了，就走了那個時代農民子弟最常走的路——當兵吃糧。張勳先是在廣西，後來又去了河北等地當兵。北洋小站練新軍的時候，張勳被調到北洋小站當管帶，相當於營長，從此也算是出身於北洋的嫡系將領。但是張勳並不是一直都待在袁世凱身邊，他沒幾年就調到外地去了，曾經在八國聯軍期間護送慈禧、光緒向西逃跑。當時張勳身體正患病，他抱著病體徒步緊跟在慈禧的車駕旁邊。慈禧有一次看到一個軍官拖著病體、寸步不離地跟著自己的車駕，把他叫住一問，原來是張勳。這讓慈禧非常感動，覺得是「疾風知勁草，版蕩識誠臣」。辛亥革命期間，張勳擔任江南提督，和張人駿、鐵良等人鎮守江寧（今南京）。他是一個對清朝愚忠的人，在南方各地官僚紛紛獨立或逃跑的情況下，張勳非但沒逃跑，還指揮手下舊軍跟革命軍狠狠地打了一仗。這一仗是辛亥革命當中，僅次於武昌戰役的最慘烈一仗。最後張勳是打敗了，但他成功地率領江寧地區的清軍，一路狂逃到徐州，在徐州盤踞了下來。清王朝對張勳這樣的悍將很肯定，讓他在徐州空掛起清朝最後一任兩江總督的幌子。清朝滅亡以後，在徐州的張勳為了表

示對清王朝的忠心，不僅自己背後拖著一條大辮子，而且下令全軍一萬多名官兵一律拖著一條大辮子，誰也不許剪髮。他的軍隊因此得名「辮子軍」。

「二次革命」期間，張勳是鎮壓革命黨人、奪回南京的主將。奪回南京以後，張勳的部隊不小心在南京殺了三個日本人，引起了國際糾紛。不得已，張勳帶著士兵去日本領事館賠禮道歉。日本領事指著張勳的辮子說，這東西不文明、不衛生。不管別人怎麼說，那條不文明、不衛生的辮子一直拖著，拖到他死為止。

在這裡要插敘一下，在清王朝滅亡時，對清王朝忠心耿耿、為它戰鬥的，恰恰是那些出身比較低、照革命理論應該站在革命陣營裡的人，比如江南的張勳、湖北的張彪。而那些出身官宦人家、貴族豪門的子弟，卻很少有像張勳、張彪那樣，為朝廷浴血奮戰的。張勳是江西貧農出身，張彪是山西貧農出身，也是跟張勳一樣，二十幾歲時為了吃飯去當兵的人。民國成立後，張勳是拖著辮子表示效忠前清，張彪是堅絕不當官、在天津隱居，表示對清王朝的忠心。張彪如果想當官，其實是很容易的，他和當時的總統黎元洪是多年的同事，還當過黎元洪的上司，黎元洪和張彪關係不錯。但是張彪就是不願去見黎元洪，更不願當民國的官。後來溥儀被趕出紫禁城，跑到了天津，就住在張彪的家裡。張彪六十多歲了，為了表示自己的忠君之心和事君之情，每天都堅持早起，為溥儀打掃庭院。張彪臨終時，溥儀去看望他。張彪在彌留之際、迴光返照，睜大眼睛看著溥儀，一句話都說不出來。相反，那些世世代代領取朝廷厚祿、本應該為朝廷賣命的人，卻沒有幾個像張彪、張勳這樣的。可見，一個人的政治傾向，跟他的出身並沒有必然的關係。

我們再來說張勳。袁世凱欣賞張勳這個人，喜歡他忠厚、老實、沒有心眼。張勳認定了什麼就是什麼，比如他認準了效忠清朝，他就效忠

人們

清朝；再比如張勳認準了要講義氣，所以他就講義氣。他在北洋軍閥裡，只是一個實力中等偏下的小軍閥，但是名聲卻很大、人緣特別好。他為了朋友赴湯蹈火，跟各派關係都不錯。後來張勳身敗名裂了，但還有好多人跟他保持著很好的關係。東北土匪出身的張作霖，就經常對張勳噓寒問暖，保持很密切的關係，還一度想出面洗刷張勳的罪名。

在黎元洪和段祺瑞爆發「府院之爭」時，局勢動盪，北洋各派為了調和兩人的衝突，組織過一個督軍團。北洋系統的各個督軍，都派自己的代表會集一地，商討怎麼調解總統和總理的爭端，這個督軍團的開會地點就選在徐州，大家推舉張勳為主持人，可見張勳在北洋系統內的人緣如何。張勳當上了督軍團的主持人，調解的主要思路卻是這樣的：他認為府院之爭說明了民主共和制度在中國出現大問題，想要國家安定、政治上正軌，還得把宣統皇帝請出來才行。所以，張勳在督軍團內公開主張復辟。馮國璋、段祺瑞、徐世昌等都派代表去，他們知道張勳的復辟念頭，都知道復辟必敗，但是誰都沒有說破。馮國璋和段祺瑞不說破，是因為他們的心思跟當年的地方軍閥事先不反對袁世凱稱帝一樣，是想讓張勳跳火坑，為他們火中取栗。徐世昌沒有說破，是因為他覺得大部分人都不說破，他說破了會得罪其他人。徐世昌就很委婉地對張勳說：「現在什麼調解方法都好，就是不能復辟。」但張勳聽不進去。

段祺瑞被解除總理職務到天津以後，請張勳出面調解。1917 年，張勳就帶領五千多辮子兵坐火車到北京。北京的黎元洪見有人出面調解也很高興，去迎接張勳。但是張勳到了以後，強迫黎元洪解散議會，同時跑到紫禁城請溥儀小皇帝出來復辟。張勳進紫禁城，見了溥儀三跪九叩之後，對溥儀說：「現在國家動盪，該是皇上重新出來主政的時候了。」溥儀還推辭說：「我已經退位，民國已經成立，不能再出去了。」張勳敦請說：「民國成立至今 5 年時間，國家動盪，發展不順，已經說明民主共

和制度不適合中國國情，只有皇上重新出來主政才能夠挽救危局。」張勳的思路，和當年袁世凱稱帝時很多人的思路是一樣的。小皇帝於是重新出山，宣布復辟。

張勳一復辟，就遭到了以昔日盟友段祺瑞為首的討逆軍的討伐。段祺瑞在天津成立了有十幾萬人的討逆軍，浩浩蕩蕩地殺向北京。而張勳手裡只有五千兵馬。結果自然是張勳的辮子軍一敗塗地，張勳逃到荷蘭大使館躲了起來，之後淡出政治舞臺，只是在被人當做攻擊把柄時，時常提起。之後民國政壇上，如果有人攻擊政敵、不擁護民主共和，往往就把政敵和張勳扯在一起，說他和張勳暗中往來，圖謀再次復辟……等。張勳對自己的名字被人冒用，不勝其煩，乾脆出來發表聲明：「我張勳在 1917 年復辟時是拚盡全力放手一搏，從此以後我不會再尋求復辟，你們說來說去不要把我扯進去。」

張勳就是這麼簡單且直性子的人。他的身敗名裂，有很大程度是由於他對清王朝的愚忠，以及被北洋軍閥其他派系利用和出賣的結果。1923 年張勳死的時候，卻倍極哀榮。他平日累積的人緣，在這個時候發揮了作用，不僅北洋各派為張勳送來輓聯、花圈，就連張勳老家江西的地方官民，也為張勳操辦了一個很體面的葬禮。即便是革命黨人，也有人出面說：對於那些心口不一、到處宣揚民主共和來謀取私利的人，我們不見得要歡迎、不見得要擁護；對於張勳這樣表裡如一、不隱藏自己觀點的人，雖然我們不同意他的政治觀點，但對他的人格還是要尊重的。在之後歷次政治運動當中，張勳一再被視為討伐的靶子，但張勳老家的很多老百姓，還暗地裡說張勳的好——張勳生前為家鄉做了很多好事。

馮國璋被耍了

　　張勳復辟失敗，段祺瑞率領討逆軍浩浩蕩蕩地殺回北京城。他把總理職務重新收入囊中當然是不在話下，可是他與黎元洪的爭端還是無法調解。

　　黎元洪不願意再與段祺瑞共事，同時經過張勳這事後，黎元洪也心生退意。他拒絕重新出任總統。段祺瑞也對黎元洪心存隔閡，不願意讓黎元洪再當總統。那怎麼辦呢？總統職位不能空缺。於是，按照「臨時約法」，由副總統繼任總統。黎元洪的副總統，恰恰是遠在江蘇南京的馮國璋。段祺瑞發給馮國璋一封電報，上面只有四個字：「四哥快來。」馮國璋接到電報後，高興得很，拿著電報遍示眾人，高興地說：「芝泉這個粗人，芝泉這個粗人！」（芝泉是段祺瑞的字）他以為是段祺瑞出於兄弟感情，拉自己到北京助陣，但實際上，段祺瑞是需要在法律上擁有一位最高元首。馮國璋抵擋不了總統職位的誘惑，高高興興來到北京城。他在 1917 年宣布以副總統之職繼任總統。

　　總統沒當多久，馮國璋就覺得上了段祺瑞的當，怪自己目光短淺。馮國璋也不想想，北京城上上下下都是段祺瑞的人，他遠離了自己的江蘇老巢，跑到北京來，能不受人擺布，成為一個傀儡嗎？當時，段祺瑞順利地透過參加一戰，從日本拿來大量的援助和貸款。他用這筆錢，以編練「參戰軍」的名義，大肆擴充皖系勢力。在國內政策上，段祺瑞繼續推行「武力統一」，這遭到馮國璋等人的反對。馮國璋深知武力統一的結果，不會是以自己為總統的北洋政府統一全國，而是以段祺瑞為首的皖系軍閥統一全國，到時候自己的日子就更難過了。

　　馮國璋這回在政治上，算是被段祺瑞重重地耍了一回。不過這不是

他第一次在政治上被騙。辛亥革命期間，袁世凱向小皇帝逼宮。馮國璋猜不透老闆的心意，就當面詢問。袁世凱信誓旦旦地說，自己要保朝廷。馮國璋信了，出去對效忠清朝的勢力說，袁世凱絕對不會當曹操。結果袁世凱真的就當了曹操──不過他的確保住了清朝的「優待條件」。這是他第一次在政治上摔跤。第二次是袁世凱準備復辟，馮國璋又一次猜不透老闆的心意，千里迢迢從南京跑到北京去詢問，於是就有了前述袁世凱的話。馮國璋又信了，出去到處宣傳袁世凱不會稱帝，結果袁世凱轉眼就稱帝了。馮國璋又一次政治失信。他知道袁世凱並不真正信任自己，所以靠近反袁力量。不過他又不願和袁世凱撕破臉、兵戎相見，表面上不動聲色。而段祺瑞在北京又鬧辭職，不願意出任鎮壓反袁大軍的指揮官，大獲輿論好評。段祺瑞也自詡「二造共和」，加上討伐張勳復辟，湊成了「三造共和」。

難過歸難過，馮國璋還得想個辦法早日擺脫目前的困境。段祺瑞不是說要統一嗎？馮國璋就想出了一個冠冕堂皇的理由──總統南征。馮國璋迅速宣稱自己要以大總統之軀，率兵南征。他率上衛隊，登上一列火車，就浩浩蕩蕩地向南京方向開去。出了北京，先到天津，出了天津，到山東，這一路都沒有話說，因為當時的河北督軍是曹錕，屬於直系。在直系地盤，馮國璋走得很順利，到山東境內就有問題了，山東是皖系控制的地盤。好在馮國璋態度堅決，命令火車不顧一切阻攔，直接向前衝，衝過了山東，到達了安徽蚌埠。

安徽也是皖系控制的地盤。當時的安徽督軍倪嗣沖接到段祺瑞的密令，要他不惜一切代價，一定要把總統馮國璋從安徽截回北京。所以倪嗣沖親自帶兵在蚌埠把鐵道拆了。不僅把鐵道拆掉，倪嗣沖還在鐵道兩邊布置了炮兵陣地，把炮口對準了鐵路上的馮國璋總統專列。奔馳而下的火車不得不停了下來。火車一停，倪嗣沖就上來「拜見」總統。

人們

　　馮國璋對倪嗣沖說：「你們段總理說要武力統一，我覺得很有必要。現在有些地方督軍，簡直不把中央政府和我這個大總統放在眼裡，簡直不是東西，就該打。」

　　倪嗣沖聽了，知道馮國璋是在罵自己。他也不低頭，說：「是啊！總統贊同總理的意見是好事，總理說請總統回北京，大家再具體協商一下南征的事。」

　　半是客氣、半是強迫，倪嗣沖就把馮國璋押回了北京。到了北京，馮國璋知道自己難逃段祺瑞的魔掌，後悔莫及。但是世界上沒有後悔藥，馮國璋選擇了破罐子破摔，從此心甘情願地當段祺瑞的傀儡，該蓋章的時候蓋章，該出來講話的時候出來講話。到了 1918 年，問題又產生了。1918 年，黎元洪的任期要到了，馮國璋是以副總統的身分接黎元洪的總統職位，黎元洪的任期到了，就意味著馮國璋的任期也到了。

　　馮國璋當然不願意只當一年的總統就黯然下臺，希望能連任。而段祺瑞不希望像馮國璋這樣有兵有將、不好駕馭的人當總統，指示徐樹錚成立一個安福俱樂部，專門拉攏議員，準備操辦新一屆的國會選舉，進而選舉新一屆的總統。皖系中意的人選是北洋大老徐世昌。徐世昌是袁世凱的把兄弟，各面都不得罪，人緣很好。馮國璋的直系也能接受徐世昌當新總統。於是在 1918 年，段祺瑞操縱的北京政府宣布，民國元年（1912 年）底選舉的第一屆國會任期已到，重新舉辦第二屆國會。因為這屆國會為安福俱樂部的成員操持，所以也稱為安福國會。安福國會選舉產生了民國政府的第五位總統徐世昌。

　　馮國璋黯然下臺。段祺瑞看到自己的老夥伴、老同事如此景象，不覺心中淒涼，在馮國璋下臺之後，隨即宣布下野。說也奇怪，馮、段兩人在臺上鬥來鬥去，下臺後關係反而迅速升溫，有時還坐在一起打打麻將、吃吃飯。這是民國初期的一個怪象，在臺上雙方可能鬥得你死我

活，到了臺下，雙方可能是同個飯局裡的主客。有很多地方軍閥帶著士兵在戰場上殺來殺去，他們的太太則可能正在同一張桌子上打麻將，孩子們可能在同一個班級裡上課。尤其是等各方軍閥日後都下野或下臺、躲到租界裡以後，大家往往成為無話不說的暮年好友。

段祺瑞雖然下野了，但仍在幕後操縱著北京政府，依然推行「武力統一」政策。說到動武，段祺瑞在領兵打仗方面並不在行，武力統一主要是依靠熱衷於對南方開戰的地方實力派。這其中又以曹錕和吳佩孚為主。曹錕、吳佩孚二人說起來是直系，但是對段祺瑞的「武力統一」政策興味盎然——他們想趁機擴充地盤。所以段祺瑞就派曹錕負責南征，曹錕又派吳佩孚負責前線軍事。吳佩孚帶著北洋第3師一路勢如破竹，從河南打到湖南，連續大捷，打敗了南方軍閥的部隊，攻下了長沙等地。卻不想，段祺瑞將湖南督軍的職位給了親信張敬堯。

這樣一來，曹錕和吳佩孚終於明白段祺瑞的目的了。段祺瑞簡直是在拿直系的軍隊當炮灰，來壯大皖系的地盤啊！段祺瑞算是把曹錕、吳佩孚等直系後起之秀給得罪了。

曹錕，直隸天津人，家境貧寒，家裡兄弟姐妹很多。曹錕排行老三，從小就推著一輛車去賣布，是布販子出身。曹錕這個人沒有什麼經商頭腦，常常經營幾天下來賠了不少，而且別人請曹錕幫忙，曹錕總是滿口應承，毫不吝惜力氣地一幫到底，所以周圍的人送給曹錕一個綽號：曹三傻子。曹三傻子就這麼渾渾噩噩地混到了二十多歲，有人說他是因為破產，又有人說他是因為有一次喝醉酒，無意中得罪了一戶有錢有勢的人家，在家鄉混不下去了，曹錕就跑到天津小站當兵。按說，天津小站是不招曹錕這種城市子弟的，但是袁世凱看中了曹錕的忠厚老實，身上透著一股傻勁，不僅要了曹錕，還對曹錕另眼相待。就此曹錕算是踏上了人生的快速道路。據說，曹錕當年在天津賣布時，曾有個算命先生

拉住曹錕說：「年輕人，我看你面有貴相，今後貴不可言啊！」曹錕看看自己賣布的車子，又看看那個算命老頭，認為老頭故意取笑自己，揮起拳頭就把他給打了一頓。從後來發展來看，那個老頭還真不是一般的江湖術士，起碼看得出曹錕日後必在他人之上。

曹錕、吳佩孚「君臣相得」

　　曹錕既然是三傻子，那他做事、打仗的能力行不行呢？實事求是地說，曹錕的政治能力的確平庸，但他有一項能力超群，什麼能力？識人。曹錕能夠果斷地提拔手下的有用之才，其中最著名、被曹錕稱為「我一生最大的本錢」的，就是吳佩孚。

　　吳佩孚，山東蓬萊人，秀才出身，平時手不釋卷，軍中送他一個綽號——書呆子。但是曹錕看出吳佩孚胸中有謀略，是個將才，就把軍隊的大小事務、甚至是人事，都交給了吳佩孚。吳佩孚也不避嫌疑，幫曹錕把軍隊訓練得好好的。他在前線不辭勞苦，幫曹錕南征北戰。有的時候，吳佩孚不經曹錕同意，也不請示曹錕，就做出了重大的決策，甚至是任命了重要的人事，事後曹錕也一一追認。在民國歷史上，曹錕和吳佩孚兩人稱得上是「魚水情深」，是君臣相得、上下級成功合作的典範。

　　話說段祺瑞排擠馮國璋、利用了吳佩孚以後，直皖雙方的梁子結大了。1919 年，馮國璋在天津抑鬱而終。直系的老大死了，曹錕因為實力最強，被推舉為直系的新首領。馮國璋的死，讓曹錕、吳佩孚等人和段祺瑞的爭端，又加劇了一層。

　　當年恰好爆發了「五四運動」，段祺瑞主導的北京政府舉止失措，遭到全國各地的遊行反對。吳佩孚就抓住這個機會，在湖南前線今天一份電報、明天一頓通電，痛罵北京政府喪權辱國，支持學生運動和他們的

進步要求。直系成員紛紛跟進，反對北京政府。這下子，段祺瑞的北京政府，在民眾心中的形象大打折扣，而吳佩孚和新的直系力量的聲望水漲船高。「五四運動」最終以北京政府接受進步要求而結束，但直系和皖系的爭端，到了水火不相容的程度。皖系在當權的四年多時間裡，一心用全國之力壯大自己，自己吃肉連一塊骨頭都不分給別人，遭到各個派系的一致反對。

不僅曹錕、吳佩孚的直系反對段祺瑞的皖系，就連關外張作霖的奉系，也反對皖系。在袁世凱時期，袁世凱對張作霖的奉系還時有接濟，提供軍火裝備什麼的，到了皖系時期，北京政府基本上就讓奉系自生自滅了，因此張作霖對皖系心存不滿。他看到直系和皖系的矛盾不可調和，名義上出面調停，實際上是將奉系軍隊開到了長城沿線，威脅皖系。

戰爭終於在 1920 年爆發，史稱「第一次直皖戰爭」，而奉系軍隊是站在直系一方進攻皖系的。直皖戰爭初期，皖系占據絕對優勢，他們不僅軍械精良，而且人多勢眾，又是以逸待勞，處於守勢。張作霖就曾擔心地發電報問曹錕說：「三哥，這仗有沒有把握？」曹錕回電說：「我也沒什麼把握，但吳佩孚說有把握。吳佩孚的把握就是我的把握。」果然仗只打了五、六天，皖系大敗，直系在吳佩孚的率領下大勝。段祺瑞辛辛苦苦舉全國之力編練的新軍主力，被吳佩孚打得一敗塗地。他只好逃到天津下野，真的做起了寓公。

北洋政府進入了曹錕、吳佩孚掌權的第三個時期。這個時期的北京政府是北洋政府四個時期當中最窘迫的時期。這還得歸因於曹錕、吳佩孚之前把反帝、反侵略的口號喊得太響亮。我們知道，近代中國政府的財政流動資金，主要仰仗於西方列強的借款，以及由西方控制的海關收入。而曹錕、吳佩孚之前反對皖系段祺瑞很重要的攻擊目標，就是批評他喪權辱國、出賣國家權益。吳佩孚今天一份電報、明天一個通電，支

持「五四運動」、支持愛國學生的進步主張,其中主要是反對帝國主義、要求收回流失的權益。吳佩孚號稱「四不」,這「四不」除了不納妾、不積蓄金錢以外,剩下的兩個都和反帝有關,分別是:絕不出洋、絕不進租界。吳佩孚主政的直系上臺後,由於之前的論調定得太高,現在下不來了。直系政府和帝國主義列強的關係很差,因此極難從列強手裡拿錢來作為流動資金。

直系控制中央政府的四年,北京街頭常常出現中央政府各部門的公務員、雇員和在北京的各個大學、中學的老師,聯合上街討薪的場景。當年在教育部任職的周樹人,就因為被拖欠俸祿,和教育部對簿公堂,要求支付欠薪。期間,周樹人在外講課、以「魯迅」為筆名發表文章,賺的外快漸漸超過俸祿,後來乾脆辭去官職,當起職業作家。而直系政府拖欠他的俸祿,直到奉系政府上臺後才還清。

直系和奉系的爭端,也在勝利之後迅速膨脹起來。奉系張作霖幫助直系打敗皖系,是想分得一杯羹,但吳佩孚分給張作霖的利益實在太小,奉系軍隊依然牢牢地被排斥在長城山海關左右,張作霖難免對吳佩孚心生不滿。結果,雙方在 1922 年爆發了直奉戰爭。這是「第一次直奉戰爭」。吳佩孚繼續發揮他英勇善戰的傳統,將奉系軍隊完全趕出了長城以外。張作霖恨得牙癢癢,乾脆在東北宣布自治,擴充軍隊、圖謀報仇雪恨。

卻說吳佩孚戰勝奉系以後,在內部施行強權統治,遭到派系內的不滿。比如,吳佩孚長期待在河南洛陽,在洛陽控制全國各地。曹錕遇到什麼問題,都事先和吳佩孚打招呼後,再做決定。當時河南省會是開封,河南督軍一度是馮玉祥。馮玉祥這個河南督軍,本應是河南的領導者,卻做什麼事情都不順手,事事都要請示洛陽的吳佩孚。吳佩孚、馮玉祥兩人之間就產生了紛爭,曹錕採取毫無原則地調解方法,將馮玉祥

調任陸軍巡閱使了事。

曹錕在占據北京政府後，他和吳佩孚不承認段祺瑞、徐樹錚選舉產生的第二屆國會，也就是安福俱樂部控制的安福國會。自然，他們也不承認由安福國會選舉的總統徐世昌。吳佩孚入京，見到徐世昌只是拱手作禮，稱徐世昌「菊人先生」（徐世昌字菊人），而不稱總統。在這種情況下，徐世昌的總統就很難當了。「第一次直奉戰爭」過後，直系完全控制了北京政府，徐世昌不得不在 1922 年宣布下野。

徐世昌下野，總統職位空缺，曹錕徵詢吳佩孚的意見，問何人可以繼任總統？他的意思是想自己擔任總統，過一過當國家元首的癮。吳佩孚不同意曹錕當總統。無奈對曹錕而言，總統職位的誘惑太大了，曹錕身邊的人也一再慫恿曹錕去爭當總統，於是吳佩孚不得已對曹錕追逐總統職位一事撒手不管，任由曹錕去做。

直系既然否認了安福國會和總統徐世昌，那合法的總統就得追溯到第一屆國會以及由第一屆國會選舉出來的總統黎元洪。黎元洪在張勳復辟之後，就已不願出任總統，所以皖系乾脆捧出馮國璋和徐世昌。現在，曹錕死皮賴臉，把黎元洪請了出來，要黎元洪做完他的任期。1923年，黎元洪任期已滿，曹錕迫不及待地要自己當總統。曹錕採用最原始的方法競爭總統──花錢買！

當時的國會是民國初年選舉產生的，議員們在之後的十年裡顛沛流離，生活比較窘迫，很多人都放棄了操守，將票賣給了曹錕，每張票從三千元到五千元不等。1923 年，國會選舉曹錕為新總統。

曹錕賄選，是中國近代歷史上的一大醜聞。民主政治到中國怎麼就發展成這樣了呢？這其中確實有西方民主政治和中國國情磨合的問題，也有當時中國的時事、人品問題。任何政治制度在實踐中，都離不開具體的人和事。曹錕賄選，是整個北洋軍閥系統的問題。當時不只曹錕一

個人在花錢，各地軍閥有錢的出錢、有力的出力，北洋將領也幫忙曹錕奔走。他們繼承了袁世凱的思路：強權統治比遵守民主規矩更有效，更能達到目的。軍閥們追求的是一種簡單而有效的統治。這樣的政治思路和操作方式，在西方人看來，是匪夷所思的，但是放在民國初期紛繁複雜、動盪不安的社會背景中，當權者傾向於用這種快刀斬亂麻的方法處理問題。不過話說回來，曹錕的總統雖然是花錢買的，但他畢竟也走完了合法的流程。他心中對議會、對民主政治的一絲敬畏和遵從依然存在，他沒有像袁世凱那樣派出軍警、派出乞丐、妓女包圍國會，一定要議會怎麼怎麼樣；他也沒有像段祺瑞那樣，在幕後包辦一場選舉。他用最簡單的、一手交錢一手交貨的方法，買了一個大總統來當。

曹錕賄選成功後，也像袁世凱那樣，把自己放在火爐上烤，將一個大大的罪行，雙手奉送到政敵的手裡。張作霖在東北聽說曹錕賄選的消息後，說：「曹錕這個大花臉都能當總統，人人都當總統了，我們東北不承認這樣的總統。」被曹錕拉下臺的黎元洪也在天津宣布：「凡是拒絕曹錕的賄賂、不投曹錕票的議員，都可以到天津來找黎元洪拿五千元。」西方將中國的賄選視為奇聞進行報導，美國的報紙就用大體字標出：「中國今日仍無總統！」

張作霖開政治倒車

曹錕當上總統並不能緩解內部紛爭。直系的馮玉祥、胡景翼、孫岳等人暗中與已經下臺的皖系段祺瑞、關外的奉系張作霖等人結成「反直同盟」。這個同盟結成以後，一心要推翻曹錕、吳佩孚等人。

1924 年「第二次直奉戰爭」爆發，張作霖率領早已虎視眈眈的奉系十幾萬大軍，兵分四路向關內殺來。曹錕連忙請洛陽的吳佩孚到北京來

指揮軍事。吳佩孚到北京時，曹錕率領馮玉祥、王承斌等直系大將到北京車站列隊迎接。吳佩孚也很快指揮直系兵分四路，抵擋奉系的進攻。說也奇怪，各路軍閥掌握了中央政權以後，軍隊的戰鬥力都不免下降。之前皖系掌握中央政權四年，還大借外債訓練部隊，結果幾天時間，就被錢糧都不如自己的直系部隊打得稀巴爛。這一次，直系部隊在北京養精蓄銳了四年，面對奉系的進攻也是節節敗退。吳佩孚心中焦急，親自到山海關前線指揮作戰。卻不料他前腳剛走，馮玉祥就發動了兵變，率軍從前線，以每日急行軍兩三百里的速度，殺回了北京。留在北京的孫岳，打開了北京城門，放馮玉祥入城。馮玉祥將曹錕軟禁，並強迫曹錕下令解除吳佩孚的全部職務，將自己軍隊改名為國民軍。吳佩孚在前線聞之，知道大勢已去。他還想率軍回北京救出曹錕，沒想到軍隊一觸即潰。在國民軍和奉系軍隊的夾擊下，直系大軍一敗塗地，多數被繳械投降，少數由吳佩孚帶領從海路南逃。自此，直系的四年統治被推翻，北京政府進入了奉系控制的第四個階段。

　　奉系首領張作霖是名副其實的土匪出身。在晚清亂世有一個說法，說一個人若想當官，有一條捷徑，那就是殺人越貨、當土匪，然後受招安。你殺的人越多、情況鬧得越大，招安時得的官也就越大。全國各地就出現許多像張作霖這樣土匪出身、受招安的軍閥。當時說「北有雨帥，南有幹帥」，這個「雨帥」指的就是張作霖，張作霖字雨亭；那個「幹帥」指的則是廣西的陸榮廷，陸榮廷字幹卿。兩人都出身綠林，據說一次在北京相聚，都想把對方比下去。天上有一隻鳥飛過，陸拔槍便射，飛鳥應聲落地。張作霖當時沒帶手槍，天上也沒有鳥了，他就脫衣說：「看誰疤痕最多！」結果，張作霖身上有 50 多處疤痕，陸有 80 多處。張自嘆不如，遂稱陸榮廷為大哥。

　　在土匪橫行的清末和民初，東北土匪尤其多。為什麼？清末，東北

人們

遭受甲午戰爭和 1904 年日俄戰爭這兩次大戰，兩次大戰使得清朝東北的地方政權幾乎陷於癱瘓，土匪四起。張作霖就是這眾多湧出的土匪之一，他受招安以後，向昔日的同行開刀，逐步壯大自己。民國成立後，張作霖所統率的部隊被改編為北洋軍的一個師，從此張作霖獨霸東三省。

但獨霸東三省，和入關掌握中央政權，畢竟還是有差別的。張作霖一個人做不了主，不僅保留了馮玉祥的國民軍勢力，兩人又拉出早被推翻的段祺瑞組織執政府，推段祺瑞為臨時執政。這個臨時執政，集總統和總理職務於一身（後來又分出了一個總理），權力集中可以避免總統和總理可能存在的府院之爭，能夠讓政策和方針有效地貫徹落實下去。

三股勢力共同主政的政府，畢竟是不牢靠的。很快，實力最強大的張作霖，排擠實力弱小的馮玉祥。剩下段祺瑞無兵無將，一直堅持到1926 年。當年北京爆發「三一八慘案」，段祺瑞因此下臺。「三一八慘案」起源於馮玉祥的國民軍，在天津大沽口地區和日軍發生衝突，日軍聯合八國列強一起向中國政府提出最後通牒，要求中國政府根據《辛丑條約》，解除國民軍在大沽口的封鎖。消息傳到北京，民族主義情緒激烈的學生和百姓們，將此視為新一輪的八國聯軍侵華事件，爆發了大規模的愛國遊行，到段祺瑞執政府門口反對提出通牒的八國，要求政府駁斥最後通牒。想不到在請願過程中，發生了槍擊事件，死傷數十人。慘案發生後，段祺瑞執政府成為眾矢之的，段祺瑞不得不下臺。其實慘案發生時，段祺瑞並不在執政府之內，他聽說消息後，趕回來痛哭流涕，對著受害者長跪不起。而且段祺瑞的執政府也並未答應列強的最後通牒，執政府已經通知列強，通牒的內容超出《辛丑條約》的範圍，中國政府無法同意；馮玉祥的國民軍也沒有解除對大沽口水道的封鎖。但不管怎樣，全國上下都把這個責任推到段祺瑞執政府的頭上。張作霖恰好把段祺瑞趕下臺，自己粉墨登場，推翻執政府，成立了一個軍政府。

　　張作霖的軍政府沒有總統、沒有總理，更沒有議會和選舉，從政治體制上來說，是一次倒退。自從1912年民主共和和議會政治的架子在中國建立以來，從袁世凱、段祺瑞、馮國璋到曹錕等人，雖然大家對民主共和制度的行政效率有所不滿，雖然大家覺得民主政治不一定能解決國家四分五裂和民不聊生的問題，但是各派軍閥對民主政治的敬畏之心還在，西方民主的框架依然還在。段祺瑞的執政府雖然集大權於一身，但也沒有公開廢除選舉和民主政治。在這樣的環境中，老百姓的基本人權受到了保障，社會的寬容度相對較高。這十幾年當中，教育、新聞和文化事業得到突飛猛進的發展。雖然出現不少「野雞」大學，但也湧現了像北京大學、燕京大學這樣的著名大學；報紙、刊物如雨後春筍般出現，雖然其中也有一些八卦小報，但也湧現出新聞史上著名的記者和報紙。當年的記者真的是「無冕之王」，口無遮攔，屬害得很。比如當時就有記者公開罵馮國璋是「狗」，馮國璋對此非常生氣，公開向法院提起訴狀，狀告出版的報紙和寫那篇報導的記者。這件案子證明了馮國璋也好、報紙也好、社會也好，大家都想在法律的範圍內解決問題。這個問題僅僅是一個著作權和名譽權的問題，還沒有提升到政治層面。到張作霖的軍政府時期，情況就不同了。張作霖對罵自己的記者和報紙，該殺的殺、該查封的查封。著名記者林白水、邵飄萍都是在張作霖時期被殺的。

　　馮國璋當總統時，經常被人拿來耍弄。馮國璋是出了名的吝嗇。到北京當總統，入住中南海後，他想了一個主意，把中南海的水都抽乾，把水裡從明清時候就陸續放養的魚撈出來賣了。那麼多的魚進入北京市場，四九城裡出現了一道新菜，叫做「總統魚」。人們一邊吃著不知道是不是真的從中南海買來的魚，一邊罵馮國璋小氣、貪財，有人還編了民謠說：「北洋狗尚在，總統魚已無。」馮國璋聽了，心裡肯定很不高興，

但也無可奈何。後來北京出現大旱，有幕僚跟馮國璋說，按照明清時期的傳統，京城大旱，皇帝都要派人到黑龍潭求雨。馮國璋採納照辦了，派了幾個政府官員，會同和尚、道士，敲敲打打就去黑龍潭求雨了。雨還沒求來，北京的報紙就罵開了，說馮國璋做不了什麼正事，就知道學封建帝王的老把戲。市民們都罵：大旱肯定是馮國璋這個總統無德無能的結果。過幾天北京真的下了大雨，緩解了旱災。照理說馮國璋做了一件好事，但北京的報紙依然罵他，說現今是文明盛世，總統竟然還那麼迷信愚昧，老天爺都哭了。馮國璋這個總統，做什麼事情都被人罵，過得很不痛快、很不舒服，但也沒見他查封報紙、逮捕記者、壓制輿論。套用一句時髦的話來說：總統就是用來挨罵的。

到了直系掌權時期，各個學校的教職員工來總統府、內閣討要薪資，曹錕、吳佩孚能滿足的也盡量滿足。老師們大罵直系，直系照樣發薪資給他們。到了張作霖時期，情況就不一樣了。軍政府不允許有批評，張作霖的口頭禪就是：「老師的錢可以給，可是拿我的錢、吃我的飯、穿我的衣，就得聽我的話，不許說壞話！」不論從政治思路上，還是從社會氛圍上來說，軍政府都開了倒車。張作霖在臺上的 4 年，是北洋政府 16 年中，政治倒退、社會自由遭到箝制的時期。按照學者張鳴的說法，民國初期的政治，是沿著「歷史的下降線」在行進。

話說段祺瑞因為「三一八慘案」被趕下臺後，曹錕也被放了出來。曹錕還有意重新擔任總統，他又去徵詢吳佩孚的意見。吳佩孚當時正在南方收攏直系力量，準備東山再起。他對曹錕毫不客氣地說：「之前當總統就不是一個好決策，現在的直系力量大不如前了，更不能支撐您來當總統。」曹錕無法，只好從此淡出政壇。而吳佩孚大敗後，將馮玉祥視為罪魁禍首，一心要找馮玉祥報仇。他在湖北、河南等地收羅力量，頻繁與馮玉祥的國民軍作戰。張作霖也和馮玉祥過不去，直系和奉系這兩

個冤家對頭，為了對付共同的敵人，聯手起來，很快就將馮玉祥排擠到西北去了。馮玉祥的國民軍後來改稱西北軍。

那麼，直系和奉系是不是又要按照以往的規律，刀劍相見了呢？按說是這樣的，可惜還沒輪到他們刀劍相見，1926 年廣東國民政府就發動了北伐。出於對付革命的共同目的，直系、奉系以及後起的孫傳芳等新軍閥聯手起來，與北伐軍作戰。而退居西北的馮玉祥則選擇革命的道路。到 1927 年年底，直系和孫傳芳的兩大軍閥力量，幾乎被北伐軍所蕩盡。張作霖退保東北，中途被日本人炸死；其子張學良第二年宣布奉系服從國民政府，改換旗幟。北洋政府時期就此結束。

閻錫山、張宗昌及其他

除了上面介紹的這些大軍閥和大勢力，中國當時還存在許許多多小軍閥。在西方人看來，當時的中國就好像是一個大戰場，幾百個胸前佩戴勳章、手裡拿著刀槍的軍閥，在殺來殺去、你征我討。「這 200 名左右佩戴勳章的將軍，和他們那些步履蹣跚的隊伍，在 1916 ～ 1928 年軍閥混戰的年頭，代表了什麼東西？第一，現代武器的優越性，造成了一個人口過剩國家的黷武主義。在這個國家中，武備的擴展超越了公眾意識形態的發展。第二，老的紳士、商人、管理統治階級，沒有能力在一個全國範圍的新政治組織基礎上團結起來。第三，正當民族主義似乎獲得勝利時，民族進取心卻處於低潮。」([美] 費正清：《偉大的中國革命》)這些人物當中，有以下幾個還值得一說。

首先就是獨霸山西的「山西王」閻錫山，人稱晉系軍閥。閻錫山的晉系牢固地占據著山西，從 1912 ～ 1949 年，山西一直是閻錫山的禁臠。

閻錫山能夠獨霸山西 38 年是有原因的。有人說是閻錫山在山西採

取了閉關自守的割據姿態,比如傳說閻錫山規定山西所有的鐵路軌道都要比其他地方的鐵軌窄三寸,這就防止了其他地方的軍閥透過鐵路運兵進入山西跟他爭地盤。這樣的說法不足以解釋閻錫山為何能在山西屹立三十幾年而不倒。

在筆者看來,主要原因應該是閻錫山對整個山西施行了嚴密的社會控制。山西的社會控制方法值得後人深思。在中國傳統社會中,政治權力並沒有觸及社會的每一個階層,尤其是沒有滲入到普通老百姓身邊,中國傳統社會還是相對自由和寬鬆的,有很多政治權力沒有氾濫到的地方。我們常說「君權不下縣」,縣官、縣令是傳統社會結構中最基層的官員,之後的鄉、鎮、村政權還不存在。對普通的農民和普通的市民來說,平時很少見到官老爺。如果一個農民長期生活在農村,不進城,也不經商,他很可能一輩子都見不到官老爺,也見不到衙役。

閻錫山留學日本,從日本學了一套軍國主義控制社會的方法。他上臺以後,對山西各地區進行嚴密的控制。比如他不僅理清、加強了原來的村鎮結構,且和村鎮同步建立另一套社會組織。這些組織名義上叫民間團體,比如每個村、每個鎮都設立監察會、息訟會,進行老百姓之間糾紛的調解,但實際上這些組織是有官方背景的。在其中任職的村、鎮首領,由政府任命且領取俸祿。同時閻錫山還派軍人到各個村去發展警察、培訓保安隊。這些警察和保安隊名義上是村民自衛力量,但同時也是控制村民的武裝力量。不論是村鎮裡的鄉紳也好、社會組織裡的首領也好,又或是警察和保安隊也好,閻錫山統一將他們稱為村幹部——「幹部」這個詞是閻錫山從日本學來的。透過如此嚴密的控制,閻錫山最大程度地蒐羅山西的人力、物力,來支持自己的軍閥戰爭和割據。他還透過這套控制,確保山西內部不會出現叛亂和對他構成政治威脅的人和勢力。閻錫山的這套社會控制方法,比起張作霖的軍政府,更是一個

倒退。他將政治權力氾濫到每一個角落，進一步剝奪了社會的自由和寬容度。

　　第二個值得一說的是山東軍閥張宗昌。張宗昌在民國相當知名，人們稱他為「三不知將軍」。第一，張宗昌不知道自己的錢有多少；第二，張宗昌不知道自己的部隊番號有多少、人和槍有多少；第三，張宗昌不知道自己的姨太太有多少。其實這「三不知」說的都是張宗昌的「三多」，所以有人把張宗昌稱為「張三多」。他的錢不知道有多少，是因為他花錢如流水，瘋狂搜刮山東老百姓，苛捐雜稅達上百種之多。他不知道自己的部隊有多少，是因為他的部隊一天一個番號，不斷地有臭味相投的土匪、流氓、痞子投到他的部隊來，張宗昌任由這些江湖兄弟報號。報一個團的，給一個團的編制；報一個師的，給一個師的編制。很快，張宗昌在山東都編出十幾路軍來了。張宗昌不知道姨太太有多少，指的是他荒淫無度。張宗昌很喜歡逛妓院，他每到一個地方，就逛一個妓院，看到哪個小姐長得漂亮，就拉回去做自己的小老婆。一般的做法，是在外邊租一間房子，安置進去，在門口設置一個衛兵，掛一塊「張公館」的牌子，就算是多了一房姨太太。沒過幾天，張宗昌就忘了有這位姨太太了。慢慢地衛兵跑了，姨太太也斷絕供養，只好重回妓院，重操舊業。山東有一些浮浪子弟經常誇口：「走，今晚上睡張宗昌的老婆去。」張宗昌聽了，也就一笑而過。

　　張宗昌本人是土匪出身。他這個土匪還是外國土匪，曾經在俄羅斯做過打家劫舍的勾當，後來跑到東北投靠張作霖。隨著奉系的掌權，張宗昌率領一支部隊南下占領了山東。在民國初期，有一個奇怪的現象：當時中國國內不乏很多軍校畢業的科班軍官，有許多人還是日本士官學校、乃至西方著名軍校畢業的高材生，遺憾的是這些海歸高材生，在軍閥部隊裡主要擔任參謀工作，很少有人實際帶兵，帶兵掌握實權的始

終是大軍閥，極少有科班出身的留學軍官。當道的都是像張作霖、張宗昌、陸榮廷這樣的土匪草寇；或者是像袁世凱、陳炯明那樣從傳統體制裡走出來的政客；抑或是像段祺瑞、馮國璋這種本土培養的軍事人才。為什麼會出現這種現象呢？我們只能說中國社會太死板了，國情紛繁蕪雜，只有了解真實國情的人，才能帶好軍隊。專業的軍事訓練和軍事才能，並不是一個人能不能帶好兵、打好仗的關鍵，而他對中國國情的了解、他的人脈、他的關係，才是戰場上真正要求的職業素養。在中國之前出現的歷次亂世中，真正掌權的都不是文人、不是知識分子，而是那些亂世梟雄。民國初期是中國歷史上一再出現的亂世之再現，這也從一個角度說明了民國初期的中國依然沒有逃脫傳統的範疇。

另外，有一個小軍閥孫殿英，是「N 姓家奴」，投靠過從北洋軍閥到日本人等多位主子。但就數他跟著張宗昌混的時候最舒心、最讓他懷念。估計兩人是臭味相投，便稱知己。孫殿英也是土匪出身，一生亦官亦匪，還盜挖過清東陵，將慈禧屍體從墳墓裡拖出來，可惜沒留下什麼「盜墓筆記」。此外，張宗昌之後的山東膠東地區，還出現過一個叫劉珍年的小軍閥。劉珍年也想訓練一支效忠自己、唯自己馬首是瞻的軍隊，於是想出一個很「前衛」、很有建設性的方法：讓官兵們佩戴自己的像章，背自己的語錄。劉珍年的像章是陶瓷做的，可以別在胸口；語錄是摘錄劉珍年的講話，做成小開本，便於攜帶。不知道胸佩像章、學習長官講話的正面效果如何，不過負面後果卻很明顯：等劉珍年下臺逃亡時，發現到處都是自己的像章，等於是自己事先為自己張貼好了通緝令……

軍閥們的作風

提起軍閥，後人往往以為他們是一群生活奢侈無度、凶殘冷酷、臭名昭著、看見哪個漂亮女子就拉來當小老婆的人。這樣的人有，但在民國軍閥當中，屬於少數，絕大部分民國軍閥並非如此。一般人以為軍閥的生活奢侈無度，但很多軍閥生活很簡單，甚至稱得上樸素。比如袁世凱，據說他始終保持著河南鄉間農民的生活作風。他最喜歡吃的東西並不是人們以為的人蔘、燕窩、魚翅，而是河南鄉間的棒子糊。袁世凱常常拿著一海碗的棒子糊，在很短的時間裡，把一碗棒子糊都喝完，弄得胸前、鬍子上沾滿糊末。雖然弄得很髒，袁世凱卻不太喜歡洗澡，一年只洗屈指可數的幾次澡。他一年到頭穿來穿去都是那幾套軍裝，除非需要拍標準照或者接見外國公使，他才會換上正裝。袁世凱的愛將段祺瑞的生活也相當樸素。段祺瑞一生都沒有積蓄，而且信佛、吃素，不僅吃素，且吃得很簡單，他在主食之外，常常只有一碟蘿蔔乾加一點辣椒，由於吃得過於樸素，家人和親信們都不願意與他同桌共餐。其他如馮國璋、吳佩孚、馮玉祥等人，生活也完全稱得上是簡樸。

人們也常常以為軍閥在當時的社會上臭名昭著，毫無名聲可言，其實也不是這樣。如前所述，人們曾經對袁世凱、吳佩孚都寄予厚望。又比如，1924 年 3 月，北京大學為了紀念成立 25 週年，舉行一次民意調查。大學生評選當時的國內大人物，統計得票後，排第一的是孫中山先生，得到 473 票；排第二的是陳獨秀，得到 173 票；排第三的是蔡元培，得到 153 票。這三位先生名列前三，都在情理之中。孫中山先生是革命先行者，聲望卓著；而陳獨秀和蔡元培，當時在大學生裡影響深遠，蔡元培還擔任過北京大學的校長。但是段祺瑞和北大教授胡適同樣

人們

得到 45 票，並列第四。段祺瑞的票數雖然遠遠低於第三名的蔡元培，但超過了得到 29 票的梁啟超。而排在梁啟超之後的，就是得 27 票的吳佩孚。段祺瑞、吳佩孚等軍閥能夠和胡適、梁啟超等大學問家、社會名流並列，可見當時軍閥的名聲，並不像後人想像得那麼不堪。

人們還常常以為軍閥橫征暴斂、魚肉鄉里。橫征暴斂是事實，魚肉鄉里卻未必。民國初期有句俗話說：「學會什麼話，就把洋刀挎。」意思是，軍閥部隊裡面常常有很多軍閥的同鄉，說的其實是軍閥照顧鄉親、提攜鄉里的情況。比如張勳是江西奉新人，每當逢年過節，都有大批江西奉新老鄉不遠千里去徐州向張勳拜年祝賀，張勳來者不拒，一概以厚禮相贈。當時北京城裡最豪華的地方會館，就是江西會館，是由張勳出資修建的。張勳還修建了奉新會館，為一個縣在北京修建會館，且一修就是五座。這其中固然有點衣錦還鄉的味道，同時也包含了中國傳統社會中造福桑梓、提攜鄉里的傳統。又比如馮國璋被別人批評貪財，過於吝嗇，馮國璋自我辯解道，其實有大量直隸鄉親來投靠自己討生活，他為了照顧鄉親而聚斂錢財。

最後，人們還常常認為，軍閥和軍閥之間的關係非常凶險，他們睚眥必報，不是你殺我，就是我殺你。事實上，北洋時期軍閥內部的仇殺情況極為少見。大家即使是冤家對頭，能放對方一條生路，就會放一條生路，很少有奪人性命的情況。只是到了後期，才出現用子彈解決政見的方法。比如，徐樹錚殺害了北洋元老陸建章，後來陸建章的外甥馮玉祥又派人槍殺了徐樹錚，雙方的仇殺開了民國時期政治人物相互謀殺的先河。但是在大部分時間裡，大多數政治人物，包括軍閥，私下的關係還是和睦、過得去的。馮國璋和段祺瑞是政壇上的冤家，馮國璋被段祺瑞利用過、玩弄過，但馮、段兩家子女依然交往如初，不受上一輩恩怨的影響。馮國璋如果看見段祺瑞的子女有不好好學習、胡作非為的情

況，他會毫不猶豫地出面訓斥、責罵；同樣，段祺瑞如果看到馮國璋的子女有不孝、違法的行為，也會出面喝斥，兩家子女也都會聽老一輩的話。曹錕在奉系張作霖執政時期，先是階下囚，後來跑到天津當寓公，完完全全成為一介平民，而且還是名聲不好的平民。可是在臺上正風光的張作霖，依然對曹錕噓寒問暖，左一口「三哥」、右一口「親家」地叫個不停。

軍閥的路在何方？

民國早期為什麼會出現軍閥割據、國家四分五裂的局面？為什麼會出現那麼多的軍閥？

如果把軍閥的出現僅僅歸咎於亂世，僅僅歸咎於割據傳統的重現，就未免有些簡單了。亂世重兵，軍隊和地盤是亂世最寶貴、最重要的政治資源。當兩千多年的專制王朝土崩瓦解，而新的權威、新的政治體制沒有樹立的時候，中國又一次出現了歷史上一再出現的亂世局面。原本掌握軍隊的人轉變成軍閥。但民國初期，軍閥的出現並不簡單。民國初期的軍閥，除了袁世凱等極個別的人以外，其他人都出身普通家庭，多數出身社會底層。我們知道，一個人要從社會底層躍升到上層，需要付出遠比常人更加艱辛的努力、更多的汗水。亂世為他們提供了上升的機會，那些出身底層的軍閥，在躍升的過程中，既有小市民的務實和功利心，同時又有救國救民的抱負。當年那些十幾、二十歲的年輕人，走出鄉間、走出城市中簡陋的居所，去軍校、去從軍時，除了當兵吃糧，他們心中多多少少會有救苦救難、報效國家的想法。

為什麼過了十年、二十年以後，當年的年輕人變成了面目猙獰的軍閥？這些軍閥當中，還有許多是當年抱著一腔熱血、不遠千里去海外留

學，經過數年的刻苦學習而歸來的留學生們。為什麼連他們也步入了黑暗的深淵？這就好像我們曾經認識一位品學兼優的鄰家少年，長大以後變成了面目猙獰的歹徒。

這第二個問題可能比第一個問題更重要。革命發生了，但是中國社會的轉型遠遠沒有結束。辛亥革命僅僅是中國近代轉型的一個點，既不是起點，也遠非終點。舊的專制王朝被推翻了，但是新的王朝如何建立、新的秩序如何樹立，沒有人能夠提出確切的藍圖。那些年輕人心中的救國抱負，也被殘酷的現實擊得粉碎。在理想和現實出現巨大鴻溝時，他們迷茫了，不知道該向何處去。而他們恰恰掌握著軍隊，掌握著國家實實在在的權力，歷史需要他們為中國找出前進的道路。身在其位，必須要謀其政！這些在位的軍閥當中，不少就是當初的熱血青年、如今的迷茫中年。他們還沒找到中國的道路向何處去，而軍事鬥爭的殘酷現實，就逼著他們把主要的精力放在鞏固自己的地位和參與軍閥戰爭當中。這些軍閥和絕大部分當時的中國人一樣，不知道路在何方，但他們需要承擔指揮轉型的責任。可他們身在其位卻不謀善政，必然遭受接踵而來的指責。

近代軍閥的出現，可以說是一代人救國藍圖破滅、全社會迷茫的一個反映。更具體地說，民國初年軍閥的出現，是軍事近代化運動失敗的結果。

當初，中國一再敗給西方船堅炮利的軍隊，開始痛下決心要進行軍事近代化。人們將「軍事救國」作為救亡圖存的良藥。於是，中國有了新式陸軍，有那麼多年輕菁英出國留洋學習軍事。在外面學習軍事的中國人，受到了比外國同學更多的磨難。比如在日本，日本人學習軍事只要進軍官學校就可以了。可是中國人去學，日本人就專門為他們設立了一個振武軍校作為預科學校。所有的中國留學生，想進日本的軍官學校

學習，必須在振武軍校多學三年，得比日本人多花三年的時間成本。即便中國人入了軍官學校，裡面的民族、階級和其他各種壓迫依然存在。而中國留學生能夠咬緊牙關完成軍事學業，心中必定抱有一股熱血。可是，等他們回到國內、真正進入軍界，甚至掌握一定的地位和實力以後，卻發現軍事近代化僅僅是整個中國近代化的一部分。即便軍事化成功，也無法推動整個中國社會的發展和改良，更何況軍事近代化在中國遠沒有到達成功的地步。因為缺乏基礎教育和配套環境，官兵的素養比較低。各地出現不少「速成」的軍官學校，學生經過半年或一年的學習後，進入軍隊就能當班長或排長等低級軍官。這樣訓練出來的軍隊，即便配上少數西方留學歸來的將領，拿起進口的武器，戰鬥力也是很可疑的。

段祺瑞組織討逆軍討伐張勳時，曾經在北京爆發過一次戰鬥。在華的英國著名記者莫理循（George Ernest Morrison）目睹了這場戰鬥。他看到數以百計的討逆軍官兵圍住了張勳公館所在的那條街，隔著幾百步的距離，槍炮齊放，衝著張勳公館的方向開槍。槍炮聲持續了半天之久，莫理循估計官兵們起碼耗費了超過十萬發子彈。結果，戰鬥結束，等他出來查看時，驚訝地發現張勳公館的牆壁上沒有一個槍孔！討逆軍的槍法準確度由此可見一斑。莫理循就很不客氣地找到中國政府，建議中國官兵以後不要用西式武器作戰了，而應該改用長矛和弓箭，這樣一來可以為國家節省巨額的軍火費用，二來也可以切切實實地對敵人造成傷害。

在民國早期，軍閥軍隊作戰的典型場面是這樣的：進攻的一方一窩蜂地往前衝，軍官站在後面督陣；防守的一方拿起槍，衝向前面就是一頓亂打，大家都想趕緊把子彈打完，子彈打完了，就往後退。戰場基本上處於一種原始狀態，儘管雙方都有近代槍械，但是造成的殺傷力很

小，每一場戰鬥能傷亡上百人就算是大戰了。四川地區是軍閥內戰比較頻繁的地區。軍閥在成都郊區作戰時，據說還有成都市民攜老扶幼前去觀戰，估計成都的百姓，把軍閥混戰當成演戲，不知道他們在現場有沒有高喊加油。即便成都市民在那裡高喊加油，估計交戰的軍閥雙方也不會有太多亮眼的表現。相信任何一個希望有所作為、從海外歸來的軍事人才，看到這樣的戰爭場面和這樣的官兵素養，都會無奈地搖頭嘆息。

所以說，民國前期軍閥的出現，並不能把原因簡單地歸咎在軍閥群體身上，它是整個社會積貧積弱的一個惡果，同時也是整個社會找不到轉型方向而迷茫的結果。

在日本侵華的三十年代，侵略者千方百計要抬出已經下臺隱居的北洋各派軍閥出來組織傀儡政權。有少數北洋軍閥「落水」當了漢奸，比如齊燮元、張景惠。但多數北洋軍閥保持民族氣節，拒絕與日本人合作——他們之中的一些人，當時生活並不如意。雖然日本人開出的「價碼」越來越誘人，北洋軍閥的頭面人物，如徐世昌、段祺瑞、曹錕、吳佩孚等，都沒有和日本人合作。徐世昌閉門不出，宣布跟給日本人當說客的門生斷絕師生關係；曹錕、吳佩孚可能都死於日本人的「謀殺」；而段祺瑞南下滬寧，1936 年在清貧中死去，生前召集記者會，公開譴責日本。國民政府為段祺瑞籌辦了體面的「國葬」。北洋軍閥為自己劃下了相當正面的句號。

革命者：變革時代的推手

革命，是民國歷史，也是近代變革的一大關鍵詞。

革命一詞，同樣是中國的「土著」詞。在古代語境中，革命等同於改朝換代。湯以武力推翻了夏朝，建立了商朝，就是「商湯革命」。在近代之前，革命都不是一個常用詞。為了表達革命的意思，人們客氣一點就用「起義」，不客氣就說「造反」。1895 年，因為廣州起義被清廷通緝、又被香港當局驅逐出境的孫中山逃亡日本橫濱。日本報紙以《支那革命黨首領孫逸仙抵日》報導孫中山的到來。孫中山閱報，撫掌大叫：「好，好！自今以後，但言革命，勿言造反。」從此，「革命」二字迅速進入中國語言，代替了「造反」和「起義」。

革命是質變，是激烈的變革。在近代中國，革命意味著和黑暗的過去決裂，是一種新生，與依託傳統基礎的緩慢變革，也就是「改良」，是相對的。「革命不是請客吃飯，不是做文章，不是繪畫繡花……革命是暴動，是一個階級推翻一個階級的暴烈行動。」既然如此，革命難免流血犧牲，難免要個人付出巨大的代價。選擇當一個革命者，就意味著一個跌宕、不確定的人生，甚至意味著隨時和死神照面。對社會而言，革命也意味著破壞，意味著危險。那麼，為什麼革命還能成為近代中國的關鍵詞，還有幾代菁英前仆後繼，投身革命呢？

他們為什麼要革命？

如果溫良的改革能夠革除社會弊政，就沒有人會選擇暴烈的革命手段。

諸多革命者的經歷表明，他們是被「逼上梁山」的。武昌起義的組

人們

織者、辛亥元勛之一的鄧玉麟出生於四川巴東縣鄉下一戶貧農家庭，12
歲出外幫屠戶宰羊，14歲父兄餓死。他當「背運夫」為鹽行扛運巴鹽，
後來又幫廚子、屠夫當下手，從小就親身體驗了晚清社會的種種不公。
15歲時，母親病逝，鄧玉麟把遺體抬回老家求地安葬，地方豪強非但不
伸出援手，還凶狠阻攔。鄧母的遺體暴露在大雨中，無法入殮。鄧玉麟
悲憤欲絕，大哭：「百姓死無葬地，此世道不改，我輩怎生！」這是國內
黑暗環境逼人入絕境。另一位辛亥元勛喻培倫則經歷了外辱。喻培倫生
於四川內江一個富庶的糖商之家，衣食無憂，原本應與革命無緣。1905
年，喻培倫順長江東下，前往日本留學。船到漢口，喻培倫和弟弟上岸
遊覽英國租界，遭到印度巡捕的辱罵和驅趕。一直生活在虛假富貴中的
喻培倫憤而質問巡捕：「我中國之地，何拒中國人遊？」印度巡捕才不和
他理論，揮棍用一頓痛打回應喻培倫。喻培倫受傷後，還被推下江堤，
險些葬身於滾滾長江之中。

　　後人設身處地，站在鄧玉麟、喻培倫的角度去體會，就不難理解二
人為什麼會產生革命念頭了。

　　當一個政治體制腐朽不堪，社會黑暗得伸手不見五指，而當權者又
找不到改革的方法，或乾脆不思改革時，革命苗頭就會出現。內憂外患
不斷的晚清，就是這樣的時期，清王朝推行了所謂的「新政」，也宣布要
「仿行立憲」，但所謂的改革完全是滿族貴族加強集權和財富的工具；北
洋政府時期、國民政府時期也是如此，國家局勢沒有好轉，統治階層還
是拿不出方法。原本以為能治病的西方民主，卻水土不服，成為少數人
的擺設或工具。原來的道路走不通，就只好換軌道，另鋪一條路了。

　　對普通人來說，生活的痛苦是實實在在的。壓力很大，活得很累、
很窩囊，又看不到前方的光明，有人絕望了，得過且過；其他人則變成
了革命者，要求徹底的、翻天覆地的變化。辛亥革命的親歷者呂中秋在

《辛亥回憶一則》中回憶：「目見清廷腐敗，苛待漢族文武人才，而滿族生丁，襁褓即給養活費，陸軍屬滿籍者雙糧雙餉，大官好缺均屬滿人，清政不平，莫可言狀。欲漢族子孫不受制於清廷，中華民族不淪亡於外國，只有祕密組織團體，進行革命。」呂中秋說的是政治上的壓抑和抗爭。滿族人不勞而獲，壓漢族人一頭，身為漢人的呂中秋為爭取好的前途，改變社會不公現狀而革命。更多人還談不上政治訴求，只是切身感受到活不下去了，為活命而抗爭。這在革命主力——農民和城市貧民身上，最為突出。中國人是最會忍耐的民族，但凡有口飯吃，有衣服穿，沒有人會冒險革命。恰是食不果腹、衣不蔽體了，他們才揭竿而起。總之，革命並非中國人的優先選擇，而是迫不得已的選項。

傳統科舉制度發揮社會穩定劑的作用。它活躍了社會流動，幫下層人士搭建一條向上流動的通道。雖然官場並非透明公正，但一個普通人還是可能透過十年寒窗，一朝之間躍升到統治階層的。同時，傳統王朝也借此選拔百姓中的才能之士、青年菁英為己所用，免得這些人成為起義、造反的首領，就像黃巢那樣。直到晚清時節，即使科舉高中，也得經歷漫長的候補期才能當官，有的人甚至一輩子都補不上官職，但難以確數的人家，還是把孩子往讀書當官的路上推。這就讓人從小就站在朝廷的一邊，這也是人類趨利避害本性使然。外面的社會很黑暗，現實的生活很艱難，但還有希望在前方、在明天。無數人這麼自我安慰，自動與革命言行絕緣。

1905 年，清王朝廢除了科舉制。（客觀而論，科舉不務實、不符合時代潮流，又禁錮國人的思想，的確該廢。）此舉助長了革命氣焰，因為它斷送了無數少年才俊最大的人生選擇。「時清廷已廢科舉制度，代以新式學校。一般鄉村農家子弟，既不能再在私塾讀書，又無力送子弟進入新式學校，更無土地可耕，於是紛紛投入新軍。除本省各縣外，以

湘、豫兩省為多，秀才當兵，已成普遍現象。」（溫楚珩《辛亥革命實踐記》）可見，廣大鄉間子弟還是想在現有體制中盡可能改善個人生活、謀個好前途的，或者重回農耕，或者去留學、進新式學堂，繼續做學而優則仕的夢想。沒錢沒地的就去當兵。中國自古有言，好男不當兵，清末連秀才都去當兵了，足見中國人之溫順、忍耐。但進了軍營又如何？軍營也是一個社會，外面的不公、壓迫和黑暗，軍營中一樣不少。同樣，鄉間和新式學堂也如此。本是為改善生活、謀個好前途的普通子弟，再一次切實感到了無望。如此一步步，年輕人被逼到現有體制的對立面去了。他們之前是王朝爭取的對象、候選的官吏，如今卻成為革命的骨幹、起義的領袖。

近代革命的一個鮮明特點是，這是一場「年輕的革命」。革命者普遍很年輕。以辛亥革命為例，領導武昌起義的文學社、共進會的領導者，年紀在 30 歲上下，而一般革命者都是 20 歲出頭，十八、九歲的也不在少數。1912 年隻身刺殺良弼、徹底擊垮滿族親貴頑抗意志的刺客彭家珍，就義時才 25 歲。和四、五十歲的中年人相比，年輕人很少有思想束縛，也沒有既得利益，少了許多羈絆，傾向於用革命解決問題，而非中年人選擇的改良。同時，血氣方剛的年紀，讓他們易於動員，勇於衝鋒。種種特點決定，年輕人是革命的天然主力。對他們來說，革命衝破的只是黑暗的現實和身上的枷鎖，得到的是美好的未來。

辛亥革命之前，軍營中大多是不到 20 歲的年輕士兵，20 多歲的就是下級軍官了。革命思想在軍營中流傳很廣，「革命黨人居中煽惑，弄些禁書來看，『嘉定三屠』，『揚州十日』，還有《猛回頭》、《革命軍》，甚至有透過特別管道進來的《民報》。其實，立憲派的東西，如梁啟超的文字，他們也看。集體生活的讀書人，儘管在軍營裡，性質其實很像學生，所以，學堂裡流行的，軍營裡也一樣流行。大家都喜歡嚐禁果，

敢冒險。如果朝廷表現尚可，也不會有太大的事，但是一旦表現不好，招致報紙的一致抨擊，那麼，士兵們就很容易傾向革命，而且在非常時期，趨於行動」。「在東京出版之《民報》及各種書冊，由同盟會會員設法輸入國內，北京東交民巷使館區有《民報》發行機關；武昌教堂之日知會亦有此類書報，初由學生暗中購買，互相借閱，後逐漸轉入軍隊。士兵識字，讀後自然增加對革命之了解，知道瓜分之禍迫在眉睫，人民生活悲慘萬分，無一不是清朝統治之惡果，因而有志之士，亟欲組織團體，進行革命活動。」（溫楚珩《辛亥革命實踐記》）

　　漆黑的現實，年輕人的血氣，交織在一起，讓年輕的革命者奮不顧身，也容易走向極端。還是以辛亥革命為例，當時年輕的革命者群起談論暗殺。這在現在看來，有點極端，但那時卻是潮流。有吳樾、汪精衛等著名的刺客，更有〈暗殺時代〉等公然鼓吹暗殺的文章。革命派的〈國民意見書・論刺客的教育〉一文分析暗殺的好處，首先是「容易成功」，因為暗殺「不會多花錢」、「不要多聯團體」、「不至惹外國人干涉」、「不至擾害地方多殺人命」、「殺一可以儆百」；其次「名譽光榮」；第三可以「保人類的幸福，促社會的進化」。說到底，這是出於弱勢的革命者們，急於成功，夢想擒賊先擒王，甚至畢其功於一役的悲壯之舉。當年吳樾、陳獨秀二人曾爭著要去刺殺出洋考察憲政五大臣，吳樾問陳獨秀：「一個是捨命暗殺，一個是長期的革命宣傳、發動和勝利後的繁重建設，哪個更艱巨？」陳獨秀說，後一個更艱巨。吳樾就說：「那麼，請把簡單的工作給我，你們活下來去完成更加艱巨的工作。」很多年輕革命者像吳樾這樣，等不及年復一年的宣傳鼓動和革命，希望這一兩年內就迎來革命的高潮，看到勝利的曙光。於是，他們選擇了暗殺。

　　一度，暗殺風潮很盛。後人熟知的不少革命領袖，也熱衷其中。比如黃興就肯定暗殺，認為：「革命與暗殺二者相輔而行，其收效至豐且

速。」黃興在橫濱設立祕密機關，製造炸藥。後來以文化教育出名的蔡元培，年輕時也是暗殺的支持者，還親自組織了暗殺團體，參與毒藥、炸彈的研製。1904 年春，留日學生在東京成立了祕密暗殺團，吸引不少留學生參加。1905 年同盟會成立後，也有一個專司暗殺的部門，主要成員有方君瑛、吳玉章、黃復生、喻培倫等人。喻培倫擅長化學，吸收俄國刺客的技術，研究出了「喻氏炸藥法」，因而得名「炸彈大王」。喻培倫在廣州起義時，脖子上掛著兩串炸彈，逢敵就炸，最後英勇就義。

每個革命者的道路不同，但卻有一股大致相同的力量推動他們革命，那就是黑暗的現實。

革命並不浪漫

後人看待革命，渲染上許多浪漫色彩，彷彿革命是一件充滿掌聲、鼓舞和陽光的大好事，即便是不幸犧牲，也是在慢鏡頭中緩緩倒向滿是鮮花的大地。

即使是一些當年的革命親歷者，在回憶中也不自覺地帶上這樣的傾向。請看下面這則辛亥革命期間，武昌學生的回憶：

辛亥前的幾年間，在我們學校裡，很多禁書都流行著，學校當局視而不見。他們認為禁閱的書刊，不過是宣傳排滿革命，與自己無直接利害關係，所以懶得過問。比較開明的老師則認為，排滿革命是有道理的，如我們的國文教師包柚斧就是這樣說的。總之，在學校內禁閱完全成了空文。在新軍第八鎮和第二十一混成協裡面，除旗人外，士兵絕大多數都參加了文學社、共進會等革命組織，初級軍官也有參加的。這個情況，當上級的旗人當然無從知道；漢人任上級的，明明知道，也不過問。我在 1910 年常到二十九標第三營吳百川（名學斌）處，他當時是一

個副目，他和全棚弟兄及正目都加入了組織。我每次到他那裡，總聽到他們高談革命的道理。有一次我在百川處，適值出操時間，百川約我隨隊伍到野外去玩。全隊不過三、四十人，由百川率領，荷槍出通湘門，行不遠，就停止行進，架槍休息，個人毫無顧忌地大談將來如何起義的事。我是隊伍以外的一個學生，他們對我毫不避諱，我覺得他們坦率有餘，謹慎不足，曾告百川，不宜這樣隨便。他告訴我，現在隊伍裡都是我們的同志，過於顧慮是不必要的。可見軍隊的高級長官對部隊內的革命組織，是茫無所知的。

1908 年，清王朝西太后和光緒帝先後死去，依照成例，各學校負責人率領學生穿禮服到紫陽湖皇廟哭靈，但大家不僅不哭，反而哄鬧甚歡。居民一般也是婚嫁如常，反動官廳也未責其違制。

我們學校把歷代清帝的名字編印成表，教同學們作文時必須避諱。同學王嘯虎痛恨避諱破壞字體，不但不諱，而且時常大呼玄燁、胤禛、載灃等，以洩其憤，學校當局也無可奈何。（李健侯《武昌首義前後憶事八則》）

這則史料，用來說明清王朝喪失統治能力，無法控制社會上的反叛苗頭，是可以的。但恐怕和真實情況不盡相同，有所誇張。社會上革命氣氛瀰漫，可以想像，但革命者斷然不會公然商討起義計畫。被人告密怎麼辦？即便沒人告密，但弄到眾人皆知，還要計畫本身做什麼呢？

浪漫並不是革命的特徵。革命要推翻的體制和階層，不會束手就擒，更不會主動投降，他們會千方百計地扼殺革命者。因此，革命是冒險，危險始終相伴，弄不好是會掉腦袋的。

既然是會掉腦袋的事情，就要學會自我保護。於是，革命組織無不採取祕密形式，革命者暗中發力，斷然沒有公開在大街上鼓吹暴力的革命者。1908 年，18 歲的武漢青年萬鴻喈投身湖北新軍第三十一標當兵。

人們

參軍前，萬鴻喈就傾心革命，和革命組織文學社有聯絡，此番入伍是為了發展軍中組織。他在《辛亥革命醞釀時期的回憶》中介紹了革命黨人如何在軍隊中發展同志的，後人可以從中看到革命者的謹慎，看出組織的機密。

軍隊中抱有革命情緒的人很多，但不能一見面就問：「要革命嗎？要革命嗎？」發展同志是一個細膩的、漫長的、保密的過程。文學社、共進會兩個組織，首先用愛國主義激發士兵們的精神，爭取士兵們的關注。萬鴻喈入伍前，同志告誡他：「如果有同營的人問你『學生為什麼來當兵？』你就回答『執干戈以衛社稷，是我們年輕人應盡的責任』。並可舉朝鮮、印度亡國的慘痛來和中國的現狀作對比，這就是我們第一步的宣傳工作。」朝鮮、印度亡國的例子，很能激起熱血士兵的同感。從中，革命者也能發現士兵們的思維傾向。

在軍營中站穩腳跟，有了密切聯絡的熱血士兵後，革命黨人開始確定重點發展對象。交流的方式也隨之改變，內容更深入，揭露現實的黑暗，激勵對象的革命熱情。「已是重要分子，可以不舉行入會形式，但你以後對同營的人，要換一個方式宣傳。就說『清朝政治腐朽到了頂點，專於媚外，壓迫人民，我們要使國富民強，非要先打倒清朝不可。』不過像這種話，只能趁機對個別兵士鼓動，如有志同道合的，就把他拉攏過來，經過一、二同志審查後，再叫他填願書，並對他說：『已將你們的姓名填表入冊，如不嚴守祕密，就會發生危險。』」「那時願書並不是先印好的，而是各自用便條寫的，收到願書以後，經同志看過就予以銷毀。」之所以採取祕密的方式，是因為革命黨人已經暴露了自己的身分，為了自己的安全，也為了發展對象的安全，必須祕密進行。發展的對象主要是兵士，很少有軍官，「對於所謂官坯子的正、副目和學兵，則除原已參加革命者外，對其餘的人是很慎重的，因為有鑑於日知會和共進會

上次的失敗。對新加入的同志，規定於每星期日下午六、七時，由介紹人邀至操場當中作捉迷藏遊戲，其實是一個碰頭會。」

發展了革命同志後，還要在其中培養骨幹和菁英。客觀上革命組織的日常運轉，也需要骨幹的參與。當時湖北革命組織共進會、文學社等大力發展成員之餘，核心事務並不向所有革命士兵公開，而是挑選其中的可靠分子加以培養。一般情況下，一個革命士兵要經受數個月的觀察，再由老會員帶領參加組織活動。至此，這名同志才會成為組織的骨幹。

共進會、文學社在新軍中發展組織的做法，被稱為「抬營主義」。他們派人滲透進入新軍，和士兵一起作息，一個一個地發展同志，一個排成熟了，再發展一個排；一個隊成熟了，再發展一個隊，以此類推。不求速度，而是花費心思去做細膩的、基礎的工作。它們在每個軍營都任命代表，每個標有標代表，每個營都有營代表，每個隊、排也都有代表。這些代表負責本建制的組織工作，同時也對外聯絡、對內傳達。如此一來，清朝的軍隊組織中，就潛伏著另一套建制相同的革命組織。文學社還注意在軍營中宣傳革命思想，鞏固和擴大組織成果。《大江報》為文學社的宣傳機關報。該報在各營中都設有分銷處與特約通訊員，促成思想、組織上的團結，因此組織工作發展極速，由左旗的第四十一標和第三十一標發展到右旗的第二十九標、第三十標與馬炮各標營隊。」革命組織的扎實發展，是武昌起義成功的重要原因。

自始至終，「保密」是革命活動的關鍵詞。為了保護組織和同志，革命者們萬事小心，祕密開展工作。文學社成員甚至對父、母、妻、子都不洩漏一言。這還不算嚴格的，華東革命組織光復會，最初發展會友，採取極祕密的方式吸收會員。入會儀式一般選在祕密地點舉行，新會員要刺血，對天盟誓，表示革命決心。光復會會員要嚴格遵守制度，互不

相認，只在參加會議或共同執行任務時，才知道誰是同志。最嚴格還算辛亥前後的暗殺團體。當時讓清朝權貴聞風喪膽的暗殺團體，北有北方暗殺團，在京畿一帶活動；南有支那暗殺團，在廣東活動。支那暗殺團的成員少而精，組織嚴密，長期不為人知。吸納成員儀式都定在夜間，在場所四周圍以黑布，當中一桌，圍以白布，桌上置一骷髏頭，旁置一白蠟燭。新成員要在搖曳的燭光中，獨自凝視骷髏頭若干時間。主盟者確定他意志堅定、膽量過人後，才出來告知暗殺團的宗旨和措施。一個人空有革命志向，卻做不到保密，在殘酷的鬥爭中，只會害人害己。

保密的要求，會順帶產生許多影響，比如長期祕密工作帶來的孤獨寂寞感；比如不能明確敵我的緊張危險感；以及在敵人高壓下隨時預備犧牲的獻身精神。這些都不是好玩的。同時，革命需要全身心地投入，許多革命者因此成為「職業革命者」。他們大多缺乏穩固的經濟來源，生活不免窘迫，又要承擔繁重的革命工作，其中的困難，非親歷者無法體會。我們後人看革命者的回憶，常有外出時穿戴光鮮、回到據點後吃米糠吞野菜的回憶，甚至有的革命者輪流出去活動，因為大家只有一套可穿出去的衣服。事實上，在武昌起義前夕，共進會革命者們的重要工作之一，就是籌錢。沒有足夠的資金，難以運作軍隊、難以聯絡同志，就是革命者本人的生活也會成問題。為此，他們騙過家裡的錢、打過寺廟的主意、做過小生意。這些也遠非「浪漫」可言。

鮮活的革命者

我站在樓頂上，看見了一切。看見雙方正在作戰，雙方的偵察兵互相偵察。我看見有個士兵在一個地方站了 15 分鐘，四周子彈亂飛，他無法逃脫，因為周圍都是清兵，但是他堅持戰鬥，直到被最後一顆子彈

擊中。我一生從來沒有經歷過這樣驚心動魄的場面。我看見一個士兵在一個地方用旗子發訊號，子彈在他四周亂飛，大約 10 分鐘後，他也被擊中，但他毫無懼色地完成了自己的任務。

這是美國人鮑布在武昌保衛戰期間，看到革命士兵奮戰的場景，記錄在他寫給家人的信件中。從中，我們看到了革命者的生動形象。

宣傳一度讓我們見慣了革命者「高大全」的形象，使得他們彷彿是高高在上，異於常人的。其實，革命先烈們和我們一樣是活生生的個體，和我們兒時的同伴、往日的同學、今日的同事，甚至在街上遇到的路人，沒有本質上的差別。真正的革命者，不應該高不可及，而應是可以觸摸的。

後人讀革命回憶，感受最多的，還是革命者的親近、平易。

辛亥革命前後，武漢地區革命氣氛高漲，親歷者李健侯回憶：

「1906 年，我 15 歲的時候，由黃安來武昌就學。當時正是唐才常被湖廣總督張之洞處決之後，一般知識分子情緒十分激動，根源已久的排滿暗潮，經過這件事，更高漲起來。當時一些禁書和進步刊物，如《揚州十日記》、《嘉定屠城記》、《革命軍》、《民報》等，同學們爭相閱讀，重視之過於正課。即使是與《民報》對立的《新民叢報》，當時人們也搶著閱讀。經過一段時間，推翻清朝的思想，在多數同學中滋長起來了。」

「1906 ～ 1910 年，我住省立中路小學，同學 240 多人，其中李祖敬、張壽康和萬咸桂三個人，都受到同學、教師、監學和當時以講理學著稱的堂長李熙的特別看待，優禮有加。他們三人的功課並不好，但是喜歡閱讀禁書和進步的刊物，有志參加革命活動，不屑待在自修室當書呆子，因此，大家認為他們是未來的民族英雄人物，所以都尊重他們。張壽康、萬咸桂和我在同個教室，我常和張、萬攀談或借書，也感到他們具有推翻清朝統治的思想，不同於別的同學只計較個人的前途。相處之

間，無形中我的思想也受到他們的影響。在中路小學肄業的中途，李、張二人退學，據說是投奔到蔡鍔那裡去了（蔡當時在廣西）。下學期萬咸桂也去了。大家都很讚揚他們。首義前夕，詹大悲以『大亂者舊中國之妙藥也』為題，在《大江報》發表社論，獲得我們同學和社會上許多人的歡迎和讚揚。這些說明了人心之傾向革命。」（李健侯《武昌首義前後憶事八則》）

武昌起義後，在武漢地區活躍著一支學生軍。「學生軍原甚複雜：有中學學生，有高小學生，有私塾學生。在住學堂的學生中，有將要畢業的，也有剛進學堂的；在私塾學生中，有讀了 10 年的，也有讀了一年半載的；論年齡，有二十五、六歲以上的，也有十二、三歲的；思想情況就更難說，對革命有一定認知的，為數極少極少，大多數都是以此為晉升之階，謀個人出路的，更有少數是借此維持目前的生計。雖然如此，學生們在勤務中，尤其在革命的緊迫關頭，所表現出來的堅定刻苦、忠誠可靠，則是值得紀念的。」「隊長和排長，在當時雖都是青年，但大都沒有參加過活動，對於革命是很少有所了解的。只是年輕人對於新東西，較易接受；在當時的形勢感染之下，這些人不但沒有做出不利於革命的事情，且還表現出相當的堅定和忠誠。」「學生軍的餉銀，為每月大洋 12 元，扣伙食 6 元，每月實發餉銀 6 元。這在當時是很優厚的，所以學生中有的還以此養家。」（劉林槑《守衛武昌的學生軍》）

這支學生軍主要從事後勤和保衛工作。「學生軍的這些勤務，也的確表現出他們的忠誠可靠，從沒有出現令人不快的事情。在緊要關頭，如漢口、漢陽失守，軍情極為不利、人心浮動的時候，學生軍內部卻表現得異常堅定，沒有一點動搖的跡象。藩庫和官錢局所儲藏的現金，天天與學生們見面，從來沒有出現過差錯。在藩庫裡，學生們有時候疲倦極了，倒在梢銀上就睡著了。將一段約四～五尺長的整木頭，從頭到尾對

半鋸開，每一半都將內部挖成一個溝，寬度約可置一個銀錠，將銀錠放入這半邊，再將另半邊蓋上，用鐵皮將木身捆住，這種銀子叫做梢銀。每一個梢子可裝五、六錠銀子不等。藩庫內梢銀滿地都是，倒在梢上睡並不是那麼舒服。在官錢局裡，臺票成捆，置於櫥櫃中，並沒有加鎖。學生們於夜間換班之後，疲倦極了，將整捆臺票拿出來，在櫃檯上鋪做墊褥，或作枕頭，在上面睡一好覺。但在藩庫裡沒有失落一小錠銀子，在官錢局裡沒有散失一張臺票，卻也是事實。這些都說明了學生軍確實是單純可愛，極為可靠的。」

「學生軍的這些勤務，卻也是極為辛苦的。無論巡街、守衛，都是整隊出勤，雖然輪流換班，但換了班的，並不能回營睡覺，整夜都在外邊，不得休息，一般都是睡眠不足。有的學生，有時疲倦到不由自主地倒下或立時睡著，尤其那些身體不夠一槍長、年級較小的學生，更是如此。不顧雨天、雪天，也有倒在地上的。官錢局的後門，正對安徽會館。在會館的屋簷下，朝門內的石板上，寒冬深夜後，到處有躺倒的人，這些都是換了班後，疲倦到無法支撐的學生軍。會館的大門關得很晚，通常總在 12 點鐘以後，但學生們從來沒有走到會館門裡去。學生們的裝備很差，雨天、雪天是沒有雨具的，穿自備的布鞋。雨夜巡街，從頭到腳都浸透了，倒背一支步槍，還要整齊步伐，表現得精神十足。」（劉林模《守衛武昌的學生軍》）南北和談達成，全國統一，學生軍就沒有存在的必要了。他們當中的大部分人，被分流到陸軍小學、陸軍中學去繼續學習。畢業後，有人從軍，多數人則星散到各行各業中，融入社會大眾裡。話說回來，革命者本就是從民眾所出，最終也要回歸大眾。

革命為什麼會成功？

後人分析革命勝利的原因，總歸功於革命者奉行正確的政策，得到大多數人的支持。這當然沒有錯，革命者必須提出正確的政策，解決現實的問題，符合大多數人的利益，才能勝利。所謂「得民心者得天下」。但是，只要提出正確的政策，就能得到民眾的支持嗎？對這個問題的肯定回答，似乎將複雜的革命過程簡單化了。

農民始終是中國人的主力，如何動員農民革命，對革命前景關係重大。在文學作品《吉鴻昌》中，有這個例子：1930 年，吉鴻昌想做「耕者有其田」，就在轄區內召集地主和佃農代表試驗。他要地主們低價把田地賣給佃農，又發給佃農們銀元來購買田地，希望以此實現人人有其田，大家安居樂業。先不說地主代表都反對賣田。按說，佃農們會支持，因為吉鴻昌的主張符合他們的利益，前景很誘人。然而，到場的佃農代表沒有一個起來響應吉鴻昌，相反，很多佃農怯生生地擠到地主身邊，把銀元遞過去：「東家，這些錢就當還之前的欠債吧！」這場景著實出乎吉鴻昌的意料，相信也出乎很多後人的意料。為什麼有了一個正確的主張，卻吸引不了支持者呢？

中國傳統社會是一個倫理本位、集體本位的社會。人們生活在種種倫理約束、集體約束之中，利益因素並不是人們言行的決定性因素。中國人就像生活在一張巨大的組織系統之下，利益只是其中的一根絲線而已。一根線的力量幾乎不可能牽引整個系統。具體到吉鴻昌失敗的試驗中，分到田地的確是一個巨大的利益，符合佃農們的利益。但是佃農和地主之間除了利益糾葛外，還可能有宗族、地域、歷史等關係。他們極可能維持了好幾代的租佃關係，可能是族人，甚至還可能是親戚。在種

種長時間、高強度的牽制下，佃農們為什麼憑著和吉鴻昌的一面之緣，就聽信他的口號、他的主張，跟著他打擊本鄉的地主們呢？

的確，對佃農敲骨吸髓、極盡剝削之能事的地主不在少數。但對懂經營、有眼光的地主來說，維持良好的租佃關係，讓佃農們保持正常的生活，是一件雙贏的事情。如果能激發佃農的生產積極度，就更好了。惡劣的租佃關係只會兩敗俱傷，而敲骨吸髓無疑是殺雞取卵。地主和地主也不一樣，東北就既有《夜半雞叫》的「周扒皮」，也有「闖關東」的朱開山。地主出身的歷史學家黃仁宇在〈母親〉一文中，描述了佃農與自己家的關係，和我們既有的認知頗有差距。「我們家中經過收束後的田土，分作兩處。一處出租穀一百二十餘石，租與一家熊姓數弟兄，他們尚擁有自己的地產，可算富農。另一塊與我們的家屋貼鄰，只出租穀二十八石，租與王七爺。……王家子女多。他們按照東佃各半的安排，每年也得穀約二十八石。雖說他在正稻季節之外，也種了一些雜糧，又在側面空地種了些番薯、花生以及蔬菜，到底收入短少，有經常瀕於飢餓的姿態。自我記憶之所及，王七爺經常生活於憂患之中。他的兒子女兒夭折，耕牛倒死……來長沙城裡到我家央求本年減租，夜宿我家。第二天返家，死在路上茶館裡，可能因為中暑。」

「我家一直以為我們對王家佃農，相當仁厚。因為收成不好就減租，牛死也出錢資助成全他買牛。而尤以這次佃農去世，最大的孩子也只有十七歲，讓他繼續耕種、沒有退佃，實為莫大恩德。1942 年，第三次長沙戰役日軍去後，我們因為葬父回到鄉下老屋，見到王七娘。她涕泣著告訴我們，日軍撤退時，曾有一隊士兵來我家莊屋住夜。為首一人見到她兒子王三，才十五歲，也未問話答話，見面立即揮動軍刀一劈，當場殺死。因為我父親也剛去世，她在帶哭之中又說：『想他已經去服侍五老爺（我父親）去了。……五老爺心腸好，會照顧他的。』」

人們

在黃仁宇的描述中，他家和佃農的關係相當好，佃農們絲毫沒有造反的意思，相反，還希望租佃關係（主僕關係）繼續下去。黃仁宇本人也承認，在「革命話語」體系下，「我家已剝削他家一生一世，王七爺還在被剝削至盡頭身故。可是在這裡，我面臨著受害者的妻子，下一代佃農的母親，她不僅對我們無惡感，還承望帶著傳統道德的主僕關係，能夠透過來世今生，繼續存在。」他所說的「傳統道德」，對地主和佃農都有約束，使得雙方的關係不致走極端。在民國的四川，到交租的日子，佃農們往往全家出動，大人擔擔、小孩捧糧，煞是熱鬧。原來，地主在交租日，要招待來交租的佃農伙食。不管交租多少，只要是來人，都得招待，還得是相當不錯的飯菜。即便是最吝嗇的地主，也不敢冒著被唾沫星子淹死的危險，拿粗茶淡飯應付佃農。於是，交租雖然不甘心，但衝著一頓好飯菜，佃農們也會全家出動。

「傳統道德」的力量很大，不是一兩番演講和號召就能破壞的。革命者要打破它的羈絆，首先得獲得民眾的信任。革命者所憑藉的，就是從底層入手，深入民眾之中，踏踏實實地為民眾服務。透過長期的共同生活，他們知道民眾真實的想法，了解他們的憂患和希望，乃至清楚每家每戶具體的困難。革命者既抱著為百姓服務的志向，就要著手去解決百姓的具體困難。他們往往是先人後己，把百姓的疾苦放在第一位，漸漸地就會得到民眾的信任。這種信任發展到足夠強大，就能衝破原有社會因素的羈絆。

我們看革命作品，革命者進入某個地區，起初總會面臨群眾對革命的淡漠，甚至是對革命的仇視。而解決之道，就是革命者不厭其煩、不怕髒、不怕累、不怕委屈，耐心地為每家每戶做工作。他們幫孤寡婦孺做家務，幫村子修路修渠，甚至挪出自己的口糧給老大娘、把救命藥給老大爺優先用。雙方培養出了感情。緊接著，革命者在打擊土匪、土豪

劣紳時，老百姓就會群起響應，甚至在革命者遇到困難時挺身而出，幫助排憂解難。這套故事線索存在於許多革命作品中，給人「濫用」之嫌，但基本上符合民國革命史實。

正確的革命主張，僅僅提供了勝利的可能性，而要真正發動群眾，就離不開密切連結群眾，培養深厚感情了。

空有改變現狀之心，沒有改造社會的思想，提不出新社會藍圖的人，不是真正的革命者。真正的革命者在破壞之餘，要有建設之心，提出能夠引導民眾、凝聚人心的主張。但是僅有正確的主張是不夠的，他還需要能真正動員、組織民眾參加革命。能提出主張的人多，而能夠聚攏革命力量的人少，所以最後的勝利者總是少數。

革命中的黑暗

革命是高尚的，但革命者是凡夫俗子。凡夫俗子有自己的需求，有七情六慾，在革命過程中寄託了各種希望。他們希望革命可以實現自己的目的，實現個人價值。這是可以理解的。如果革命者把革命和個人價值的實現連結起來，始終牢記革命目標，就是理想的狀態。然而，難免有革命者把個人利益凌駕在革命之上，讓革命服務於個人價值。這就把革命工具化，從根本上背離了革命宗旨，否定了革命的高尚和正義。

革命的起源，往往和社會貧富懸殊、流動性缺失有關。中下層人群有躍升到上層的衝動，他們參與革命也就抱有提升個人地位的目的。我們會發現中國傳統的改朝換代之後，新王朝的開國元勳中，有大批舊王朝的中下層人士。近代革命者中，也有許多江湖草莽、底層菁英。他們對舊體制有破壞的衝動，對革命的前景抱有功利性的想法。典型的，就如紹興城外的阿Q，夢想革命後可以抬頭挺胸做人，可以找到老婆。不

能否認的是，上層人物也有加入革命陣營的。他們背叛出身的階層，放棄既得利益，可能是出於正義、為大眾利益著想，但多數人可能是為了謀取更大的利益和實現個人的價值。他們的發展空間往往在舊體制下受限，或者有潛在危險、或遭到迫害，主動借革命避禍。比如隋亡唐興之際，造反的李淵、李密等人，莫不是這樣的上層革命者。而「三斧定瓦崗」的程咬金，則是典型的底層革命者。

當然了，絕大多數老百姓是被動裹脅到變革浪潮中的。他們沒有那麼高的追求，只是想解決生活和工作問題，如果能有進一步的發展就更好了。所以，他們因生活所迫，在變革時代左右奔波突圍，尋找自己的位置。他們並不天生投向革命，而是因為各種機緣巧合，成為革命的一分子。朱峙三在《辛亥武昌起義前後記》中回憶了清末青年的職業選擇：「清季科舉前後，學堂又不容易考進；且試期無一定，考後又不能及時入學，食宿都成問題，寒士哪有錢在省久候。秀才年逾三十，所考的學堂只有簡易師範，但錄取又有定額。適軍隊鼓勵秀才從軍，故上進只有投軍一途。」當時秀才參軍的目的，無外乎兩種：「一種是求官。軍隊中知識分子少，就是初成的新軍，也不過多識幾個字，有異於綠營行伍。秀才從軍，各標歡迎；入伍不久，可提為副目、正目，甚或提為排長。這些秀才名為學兵，多望提到陸軍特別小學肄業。一種是革命。就是入營後，在士兵中物色同志，灌輸反清革命理論，激起同仇敵愾，以達革命目的。」

革命者中也不乏存心不良之徒，他們革命就是為了獲取自身利益，就是為了當官發財。革命一旦成功，政權易人，革命者必然要建立新的各級政府機關，做官也就順理成章了。就算是原本無心當官的真正革命者，面對官位和權力的誘惑，也無法無動於衷。於是，權力本身附帶的許多烏七八糟的東西，就會撲到革命者身上去。革命者就從內到外，發

生了變化。革命的時候，日日夜夜盼望著勝利的到來；當勝利真的來臨了，卻驚奇地發現戰友們不復往日的剛正、廉潔和奮進，被權力和富貴沖垮了，再深入反省：難道自己不也是這樣嗎？

辛亥革命後，紹興軍政府的都督王金發，就是個例子。他是堅定的革命黨人士，為革命流血流汗，還出國學過革命。但當了都督後，穿紅戴綠、吃香喝辣的，迅速聚斂了巨額財富，他還一人得道，雞犬升天，把以前的兄弟和朋友全部封官，聽任這些人魚肉鄉里。革命勝利後的紹興，還是一如晚清的黑暗，甚至更加恐怖。可嘆的是，並不是只有一個王金發，他代表一群人。革命者在勝利後蛻變的，不是少數。

辛亥革命前，胡瑛、覃振兩人是革命同志。武昌起義成功後，胡瑛當上湖北軍政府的外交部長，一時間頗為風生。覃振之前在坐清政府的牢，等革命勝利、自己出獄後，發現新政府的位置都被昔日的革命同志占據了。覃振的人脈主要在武漢，又在武漢活動過，就去找老朋友及同鄉胡瑛。可是，胡瑛已經今非昔比。「這位在外國人眼裡，外表除了那套綢緞的裘皮馬褂之外，沒有什麼可稱道的傢伙，現在掌握著鄂軍政府的外交大權，人前顯赫。這樣漂亮值錢的馬褂，胡瑛能一下子套三件，最外面的一套，在陽光下閃閃發光，光鮮得一塌糊塗。」見到衣衫襤褸的覃振，胡瑛想了半晌，一臉遺憾，為難地說：「你來得太晚了，我負責的外交部已經沒有好缺了，在鸚鵡洲還有一個驛站，有馬兩匹，沒人看管，你先去看馬吧！有機會，我幫你調度。」估計這驛站，還是清政府留下的，管驛站的驛丞屬於「不入流」的小官。覃振其實未必真的是「官迷」，很可能是想找個事做，見他這麼說，什麼也沒說，一笑而別。（張鳴《革命知府與弼馬溫》）

武昌起義爆發後，南方紛紛獨立響應，富庶的大城市落入革命黨人囊中。有些革命黨人熱衷追求個人的官位與利祿，修建私宅迎娶妻妾、

貪汙受賄，甚至喝花酒、吸鴉片。晚清官僚的腐朽作風，在某些新人身上迅速擴散。奉天的革命黨人藍天蔚在北方革命失利、逃到南方後，見到同志們的墮落情形，痛心疾首，泣告大家：「目前漢陽已被清軍攻破，清廷正在進行最後掙扎，敵眾我寡，大家齊心協力，尤恐難於獲得最後勝利，現在竟內訌起來，重蹈太平天國的覆轍，這怎麼能行呢？」藍天蔚悲愴莫名，舉槍自擊，擊傷了左腕。據信，掌握各級政權的前革命者、現在的掌權者，為了保住既得利益，鼓吹南北議和，接受袁世凱出任臨時大總統，這是辛亥革命未能全勝的一大原因。

為富貴所擊垮，為利益所折腰，革命者和革命的對象有什麼差別？這是革命光芒中最大的黑暗。

革命是個好東西

革命是個好東西，這應該是進入 20 世紀之後中國人的普遍看法。人們將革命與「先進」、「光明」，與更美好的前途連結在一起，賦予它道德上的優勢。各個政治派別，即便針鋒相對，都標榜自己革命——只不過，他們對革命的理解不同。

遠離「革命年代」幾十年後，針對革命的批評漸漸多了起來。主要的批判有兩點：第一，很多人從近代歷次革命的結果中得出結論，革命似乎都導向專制。一些人假借革命的名義，行集權專制之實。革命的宗旨被拋棄，成為少數人的權力工具。第二，革命過程難免帶來破壞。革命並非浪漫的話劇，而是伴隨打倒、推翻，乃至殺戮，是要流血的，是會改變很多人、很多家庭命運的。同時，整個社會的發展軌跡也改變了，社會要承擔巨大改變的危險。於是，有人就疑問：當社會沒有沿著原來的軌道得到充分發展的時候，革命者怎麼就能判定原來的軌道是錯

誤的呢？革命者為什麼就能保證自己的「革命公理」適應中國的國情呢？種種批評和質疑，最終引發了「告別革命」的浪潮。

革命到底是不是好東西？這要回到革命的本質去理解。

只要世間還存在不公，存在壓迫，革命就不會銷聲匿跡。要求改變的呼聲就是正當的。每個人群提出的革命主張不同，革命過程也可能出現反覆、甚至倒退，但只有革命才有達到光明前途的可能，如果固守黑暗體制，只能繼續沉淪下去。

革命的形式，有和平的，也有激進的。不管和平還是激進，都會對社會造成破壞，只是程度高低有別而已。有人就害怕革命造成的破壞，因此抵制革命。早在清末，革命黨人就和保皇派、立憲派就「革命的破壞」問題展開辯論。保皇派認為中國承受不了革命的破壞。但在革命者眼中，革命不只是破壞，同時也是建設。革命打破的是舊枷鎖，帶來的是新秩序；人們是要付出血汗、財產等犧牲，但絕大多數人得到的是全新的、自由的明天。必要的破壞成本是值得的。有革命者指出：舊體制沒有值得留戀的東西了，打碎了有什麼值得可惜的呢？章太炎說：「公理之未明，即以革命明之；舊俗之俱在，即以革命去之。革命非天雄大黃之猛劑，而實補瀉兼備之良藥矣。」（保皇派、立憲派中許多人是新興的富裕階層和舊體制中的既得利益者，極可能因此擔心革命的巨大破壞性。）

誠然，人類的心理是抗拒暴力的，反對流血，因此激進暴力革命的天然擁護者不多。在大變革時代，之所以有那麼多人參與暴力革命，是社會過於不公、壓抑僵化的結果。如果不公正、不自由的制度能夠和平推翻，想必不會有人持刀拿槍、流血犧牲。現有的統治階層，與其為革命的破壞擔憂，為自己的前途擔憂，不如進行由內而外、自上而下的革命，讓社會保持流動、寬容和自由，從根本上熄滅革命的火苗。這不僅

是統治階層的救贖之道，也是全社會的持續發展之路。

激進革命，是人類的天然權利。它就像是懸在社會頭上的一把利劍、一顆炸彈，警醒一代代人維持社會的公正、寬容與自由，避免社會滑向激烈動盪的暴力革命年代。人們不放棄暴力革命，就是不放棄最後的反抗權利，不放棄在極端條件下，奔向光明的可能。

魯迅：不合時宜者的價值

　　魯迅及其作品影響了 20 世紀以後的每一代中國人。不同時代、不同年齡階層的中國人，從魯迅和他作品中感悟的東西是不同的。筆者也是讀魯迅作品長大的。年少時，我為魯迅作品中那碧綠的菜畦、光滑的石井欄、高大的皂莢樹、紫紅的桑葚所吸引，也想去尋找那在樹葉裡長吟的鳴蟬、伏在菜花上的肥黃蜂以及忽然從草間直竄向雲霄裡去的輕捷雲雀。此外，還有低唱的油蛉、彈琴的蟋蟀、蜈蚣、斑蝥、何首烏藤、木蓮藤和覆盆子——少年的我常揣測，所謂的「像小珊瑚珠攢成小球」的覆盆子，極可能是鄉村山間的野草莓。

　　年紀漸長後，人們和魯迅一起走出漸漸隱到童年晨霧之後的家鄉故園，走入社會。徘徊在理想和現實的巨大鴻溝旁，注視著殘酷冰冷的社會陰暗面，人們進一步發現魯迅身為勇敢戰士的一面。

　　「真的猛士，勇於面對慘淡的人生，勇於正視淋漓的鮮血。」魯迅就是這樣的猛士，終其一生都在與專制的政府、保守的傳統和自私陰險的敵人搏鬥。在現實鮮有與陰暗勢力搏鬥的戰士中，魯迅這樣一輩子都在戰鬥的勇士，彌足珍貴，更令人敬佩。

　　隨著閱歷的增長，當年讀書人的目光，從社會深入到人生，從知識擴大到知識分子，關注為人處世。他們赫然發現，魯迅還在陪伴著自己。魯迅塑造了真正的知識分子形象：不僅有知識，而且有理想，有良知，有改造社會的熱情，有堅持不懈、奮鬥的勇氣，更有在孤寂中獨自行走的坦然與瀟灑。這時的魯迅，不僅是思維的導師，更是人生的導師。魯迅在世和逝世之後的日子裡，一代代中國人捧著他的作品，有意或無意地沿著這種軌跡解讀著他，思考著社會和人生。

吶喊：魯迅如何走上寫作道路

20 世紀初葉，北京紹興縣館的一個小院子裡，寄寓著一位名叫周樹人的紹興人。周樹人的生活比較規律，上班、會客、回縣館休息。他將主要時間和精力都花在蒐集、抄寫古碑上。每到炎熱的夏夜，人們經常看到周樹人坐在槐樹下，透過密葉縫裡的那一點點空隙，仰望夜空。他搖著蒲扇，驅趕夏夜的蚊群，遮擋落在頭頸上的槐蠶。

周樹人的職業是教育部社會教育司的僉事。他的工作比紹興縣館的日子更有規律，每天「早晨 9 時至下午 4 時在教育部視事，枯坐終日，極無聊賴」。

這個百無聊賴的政府職員，之前的人生卻經歷了一番曲折與傳奇。周樹人，1881 年 9 月 25 日出生於浙江紹興一個敗落的封建家庭。因為家庭變故，他年幼時經歷了從富家公子到出入當鋪、四處乞食的巨大落差，養成了內向、敏感和喜愛觀察、思考的習性。少年時期，他進入南京的洋務學堂，學習水師、路礦。「所謂學洋務，社會上便以為是一種走投無路的人，只得將靈魂賣給鬼子。」1902 年，周樹人考取清政府的公費，去日本留學，先入仙臺醫學院學醫。某次學校放映幻燈片，周樹人看到麻木的中國人在觀看同胞被處決的場景，「便覺得醫學並非一件緊要事，凡是愚弱的國民，即使體格如何健全，如何茁壯，也只能做毫無意義的示眾材料和看客，病死多少是不必以為不幸的。所以我們的第一要事，在改變他們的精神」。（《吶喊》自序）從此，周樹人走上了直接的救國濟民道路，先是在異國他鄉的東京做文藝，後來回到家鄉紹興，參與、說服了王金發的綠林隊伍參加辛亥革命。

辛亥革命後，周樹人進入教育部為官。他歷經時局動盪，看到官場

上的荒誕和無聊，又親歷「無量頭顱無量血，可憐購得假共和」，「見過二次革命，見過袁世凱稱帝，張勳復辟，看來看去，就看得懷疑起來，於是，失望，頹唐得很了」。

周樹人的經歷和思想，代表了一代志士仁人。他們在清朝末年經過摸索，選擇革命，為之東奔西走，結果屢屢受挫。曾經熱烈擁抱的新生共和國，呈現出一派割據混戰和黑暗無道的滑稽場景，給他們當頭棒喝。一時間，他們迷茫了、消沉了，參與變革的熱情大減，又不知道路在何方。

然而，依然有革命者活躍著。北京大學的一幫人就在繼續文藝救國，希望對中國人進行思想啟蒙，喚起變革的浪潮。陳獨秀主持的《新青年》是其中的主要陣地。錢玄同參與編輯工作，來向周樹人及其弟弟周作人約稿。周作人如期交稿了，但是周樹人過了幾個月還沒動靜。於是，錢玄同到紹興縣館來催稿。

錢玄同翻著周樹人的古碑抄本，問：「你抄這些有什麼用？」

「沒有什麼用。」

「那麼，你抄它是什麼意思呢？」

「沒有什麼意思。」

錢玄同就勸他：「你可以寫點文章……」

周樹人當然明白錢玄同的意思。革命者往往是孤獨的，《新青年》與保守勢力戰鬥，特別需要聚集同志。但是周樹人的顧慮是：

「假如一間鐵房子，是絕無窗戶且萬難破毀的，裡面有許多熟睡的人們，不久都會悶死，然而是從昏睡入死滅，並不感到就死的悲哀。現在你大嚷起來，驚起了較為清醒的幾個人，使這不幸的少數者，承受無可挽救的臨終苦楚，你倒以為對得起他們嗎？」一句話，他擔憂革命的前途。

人們

　　錢玄同的一句回答，點燃了周樹人內心潛伏的激情：「然而幾個人既然起來，你不能說絕沒有毀壞這鐵屋的希望。」

　　「說到希望，卻是不能抹殺的，因為希望在於將來，絕不能以我之必無的證明，來折服他之所謂可有，於是我終於答應他也做文章了。」動筆前，周樹人的腦海中閃過一個個鮮活的形象：飽受侮辱、在大動盪年代高喊「革命了，革命了」的鄉村貧民謝阿桂；周家的一個族人，在外離鄉時得了精神病，老覺得有人要害自己；小時候的玩伴章閏水，那是個敦厚活潑的小同伴，後來據說在鄉間的日子很苦，此外還有紹興城中那座瓦楞上立滿枯草的周家老宅……有太多的不滿、太多的思考、太多的想法積鬱在胸，他不吐不快。周樹人將滿腹要傾訴的話語，都附著在這些人物身上。於是，就有了 1918 年 5 月發表在《新青年》上、中國現代文學史上第一篇白話小說〈狂人日記〉。發表時，周樹人使用「魯迅」這個筆名。從此，「魯迅」的影響蓋過原名，成為周樹人的大名。

　　在〈狂人日記〉中，魯迅描述了一個有「受害心理」的精神病人，他老覺得別人要害自己，還發現整個世界就是個吃人的世界。從「前天狼子村佃戶來說吃心肝的事」，到「易牙蒸了他兒子，給桀紂吃」，再到徐錫林（即徐錫麟）被炒食心肝……他的胡思亂想，雖然帶有精神病人的非常心理，但始終圍繞著「吃人」。主角還從歷史角度證明中國社會的吃人傳統，中國正史中就有易子而食、食肉寢皮、割股療親等「正面」記載。「我翻開歷史一查，這歷史沒有年代，歪歪斜斜的每頁上都寫著『仁義道德』四個字。我橫豎睡不著，仔細看了半夜，才從字縫裡看出字來，滿本都寫著兩個字，是『吃人』！」在他看來，所謂的「仁義道德」都是吃人的託詞而已。

　　〈狂人日記〉顯然不是一部「心理小說」，更不是「先鋒文學」，而是魯迅對現實的無情批判。所謂「吃人」，並不局限在真的吃人肉、喝

人血，而是剝奪個人從生存到發展的各種權利。用馬克思對專制社會的概括，就是「輕視人，蔑視人，使人不成其為人」。魯迅發現，從古代到當時，中國社會少有對人性的關懷，人的自由、發展和個性遭到極大限制。更進一步，中國人在輕人性的大環境中，漸漸習慣了奴隸般的非人處境，麻木、苟且、逃避自由。按照小說主角的話來說，就是「我也吃過人」，我們個人和吃人的社會，有著深層的關係。對殘酷的現實，中國人一是不敢正視，二是善於遺忘。受侮辱者、受迫害者也好，侮辱、迫害他人的人也好，都不願意回顧過去，更談不上分析錯誤的原因。侮辱與迫害行為，被巧妙地、有意識地掩蓋，就等著當事人死亡後，完全沒入歷史的塵埃。更糟糕的是，一些受害者的沉默和遺忘，無形中助長了迫害他人的風氣，儼然讓自己也成為害人之人。更可氣的是，一些曾經的受害者，完全忘記之前被剝奪尊嚴的切身經歷，掌權後剝奪起別人的尊嚴來，一點也不遜色。中國社會就在如此的「吃人」風氣中反覆、越陷越深。

　　魯迅在小說最後，留下了一絲光明的希望，發出「救救孩子」的呼喊。這一聲呼喊，連同之前對黑暗現實的揭露，構成了魯迅的「吶喊」。自從發出第一聲吶喊後，魯迅一發不可收拾，畢生保持吶喊的姿勢和戰鬥精神，勇敢地揭露黑暗的現實、抨擊反動的人和事。中國洶湧澎湃的近代變革浪潮，裹挾著各式各樣的人物，其中有大公無私的愛國者、勇敢無畏的戰士，也免不了有自以為是的革命者、渾水摸魚的痞子、精神分裂者、自私自利的投機分子……等。一些人在革命成功後，退化成革命的對象；有的人在革命浪潮中投機倒把、名利雙收；還有的人在迷茫中退卻、躲進象牙塔當起「學術大師」或「國學導師」。但是，魯迅是真正的愛國者和堅定的戰士，始終向著沉迷在黑暗中麻木的同胞們「吶喊」，發出振聾發聵的聲音。

人們

1918 ～ 1922 年，魯迅的主要創作形式是小說，內容集中在批判黑暗、啟蒙讀者思想上。1923 年，魯迅這個時期的十四篇小說集合成冊出版（其中包括〈狂人日記〉〈阿 Q 正傳〉〈故鄉〉〈孔乙己〉〈藥〉等），書名就是《吶喊》。初版只印刷了 2,000 冊，很快就銷售一空，迅速成為暢銷書，發行量越來越大，版本不斷推陳出新。1920 ～ 40 年代，中國圖書的首印一般只有一、兩千冊，但 1930 年 7 月《吶喊》的第 14 版，就印了 4.85 萬本，這個印刷數，放在任何時代都是相當可觀的。此書是魯迅著作中版本最多、影響最大的一本。

在黑暗中搗亂

魯迅明知向著黑暗的鐵房子撞擊，即便成功也會撞得頭破血流，但是他毅然選擇用血肉之軀，一次次地撞向黑暗的現實。先前的同志，有的轉入官場，成為「黨國領導者」；有的進入大學，當起「大師」；還有的同志和他分道揚鑣，甚至反目成仇。魯迅在文字救國的道路上堅持下來，一直在黑暗中「搗亂」。

在小說集《吶喊》之後，魯迅又出版了小說集《徬徨》（包括〈祝福〉、〈傷逝〉、〈在酒樓上〉……等）。寫作《徬徨》時，魯迅已經吶喊了五、六年，卻悲哀地看到同胞們依然麻木、知識分子同伴們分化和迷茫。他也徬徨了。正如小說〈在酒樓上〉寫的，曾經激進的朋友呂緯甫，告別青年、進入中年，思想回到子曰詩云之中，要為生活而奔波、掙扎。但是，魯迅並沒有讓自己成為呂緯甫，而是以第一人稱坐在呂緯甫的對面旁觀，聽他傾訴。兩人告別時，「我」和呂緯甫選擇相反的方向。迷茫者繼續徬徨，革命者告別徬徨，繼續前行。

魯迅日益不能忍受北洋政府統治下的北京，嚮往光明的環境——哪

怕擁有一絲想像中的光亮。於是，魯迅在 1926 年 8 月放棄教育部的公職，南下廈門大學任中文系主任。離去的原因，有人說是因為魯迅支持學生愛國運動，尤其是在「三一八慘案」後猛烈批判政府，為北洋軍閥政府所通緝。又有人考證，魯迅先生並沒有遭受通緝，是平和離去的。不過，結合之前魯迅參加討薪活動（北洋政府財政困難，拖欠公務員和教師薪資），他為政府所不容，是可以肯定的。

在廈門，魯迅完成了〈從百草園到三味書屋〉等回憶散文，以《朝花夕拾》為名，結集出版。此時，廣州革命氣氛濃郁，是轟轟烈烈的北伐戰爭策源地，被視為革命的中心。1927 年 1 月，魯迅為火熱的革命氣氛所吸引，轉到中山大學任教。但是廣州很快就讓他失望了。革命在向高峰奮力攀登的時候，遭遇由內而外的血腥屠殺。魯迅懷著希望而來，卻迅速目睹了令他失望的結局。他意識到，原來「革命」可以成為某些人的工具，是他們殺害真正革命者的凶器；原來醜陋的人性可以隱藏，等他們暴露後，會產生那麼恐怖的後果。「我先前總以為人是因有罪，所以槍斃或坐監的。現在才知道其中的許多，是先因為被人認為『可惡』，這才終於犯了罪。」「今天是正當的，明天就變犯罪。」投機倒把的假革命者翻雲覆雨，竊取了革命的果實。

「譬如有一個軍閥，從前是壓迫國民黨的，後來北伐軍勢力一大，他便掛起青天白日旗，說自己已經信仰三民主義了，是總理的信徒。這樣還不夠，還要做總理的紀念週。這時，真的三民主義的信徒去不去呢？不去，便可以說你反對三民主義，於是定罪，殺人。」

魯迅原本對未來、對青年抱有希望，認為他們是希望所在。尤其讓他痛心的是，「今年似乎是青年特別容易死掉的年頭」。而殺害青年的很多凶手，本身也是青年。這對魯迅的打擊很大，讓他不願意在廣州繼續生活下去。於是，魯迅又一次逃離，於當年 10 月到達上海。

人們

　　民國時期的上海，是中國的文化和思想中心。各派勢力的存在和新生事物的湧現，也包括外國租界的存在和中國政府統治的式微，使上海能容納不同的聲音——儘管它的底色不是光明的、不是溫暖的。結果，魯迅在上海常住下來，將它視為最主要的奮鬥舞臺。

　　同一時期，南京國民政府對全國的統治逐漸加強。這個政府是國民黨專制的政府，以黨的決議指揮政府的運轉，將黨員安插在各級政府之中。1931 年 5 月，由國民黨操縱的國民大會通過《訓政時期約法》，以具有憲法性質的文件，確定一黨專制的至高無上地位。更惡劣的是，國民政府還加強對社會的控制，試圖將一黨專制的形式擴散到社會的各個領域，甚至不惜採取特務統治的方式。在先前的北洋政府時期，軍閥割據混亂，政治雖然黑暗無序，但統治者，甚至是武夫蠻漢們，對基本人權、對民主法制的基本原則，還是遵守的。比如，報紙不時有抨擊、咒罵軍閥的言論，軍閥們雖然生氣，但除了張作霖之外，沒有人去查封報館、逮捕作者。先後擔任總統的馮國璋、徐世昌等人，都有和報館對簿公堂的舉動。這說明，他們對政治的底線還是堅持的。如今，國民政府統一了中國，卻不斷突破底線，壓迫社會和個人空間。中國社會的氣氛反而不如北洋政府時期。

　　具體到思想文化領域，國民政府並不查封報館，而是規定報館在成立之前要申報，得到政府允許後才能開業；國民政府並不逮捕編輯和作者，而是規定報刊和圖書內容要審查，只有審讀合格後，才能出版。對認為「不適宜」出版的內容，政府可以隨意刪改、封存；對不遵守規定的從業者，國民黨的特務就送上子彈和炸藥——比如「史量才事件」。

　　中國總有一批「看文字不用視覺，專靠嗅覺的」讀書人。這些人主動投靠國民政府，助紂為虐。按照魯迅的說法，「那些人物，本是當不成作家，這才改行當官的，現在他卻來改文章了」。為了表示忠心，為了逞

威風，「哈巴狗往往比牠的主人更嚴厲」，無恥文人當官後，壓榨起知識界來，讓統治者都「喜出望外」。

「今年七月，在上海就設立了書籍雜誌檢查處，許多『文學家』的失業問題消失了，還有些改悔的革命作家們、反對文學和政治相關的『第三種人們』，也都坐上了檢查官的椅子。他們是很熟悉文壇情形的；頭腦沒有純粹官僚的糊塗，一點諷刺，一句反語，他們都比較懂得所含的意義，而且用文學的筆來塗抹，無論如何，總沒有創作的煩難，於是那成績，聽說是非常之好了。」1929 ～ 1934 年間，上海地區被禁止發行的書刊約 887 種；1936 年通令查禁的社會科學書刊達 676 種；北京 1934 年遭焚毀的書刊有 1,000 多種。除書籍遭災外，檢查機關還查封、搗毀出版機構，迫害從業者，比如 1929 年查封創造社；1930 年查封上海現代書局；1931 年查封北新、群眾、東群等書店。出版進步書刊的湖風書店、良友圖書公司、神州國光社、光華書局等自然不能倖免。

出版界在高壓之下，戰戰兢兢，視政治和嚴肅思想內容為雷區，不敢越雷池一步。為了生存，出版界往往選擇出版教科書、科普書和童話書，或者極力讚美現實、擁抱陽光，商業性、消遣性的傾向越來越嚴重，作家也投身這些題材的寫作。嚴肅的、進步的作品，卻不得不採用假書名、假封面而艱難面世。

國民黨文化專制對魯迅的思維，乃至生活，影響很大。1933 年，魯迅說：「我的全部作品，不論新舊，全在禁止之列。當局的仁政，似乎要餓死我了事。」魯迅的雜文集《二心集》原本收錄 38 篇文章，被送到國民黨中央宣傳部「審讀」後，被刪除 22 篇，最後乾脆改名《拾零集》出版。即便准許發行，《拾零集》運到杭州後，仍然被杭州政府沒收，理由是：「這裡特別禁止。」浙江地方政府似乎尤其憎惡同鄉的魯迅。有人考證，國民黨浙江黨部還呈請通緝魯迅。

人們

　　肉體上的消滅比新聞檢查更恐怖。魯迅「勇於正視淋漓的鮮血」，可是同胞們、同志們的鮮血流得太多，也會超過心理承受的範圍。從北京到上海，魯迅目睹了許多人倒下，其中多數是鮮活的年輕生命。他們是：劉和珍、殷夫、李偉森、胡也頻、馮鏗、柔石⋯⋯其中的柔石，那個有著「臺州式的硬氣」的青年、那個有三分可笑，更有七分可愛的青年，可能是最受魯迅信賴的後輩、魯迅最親愛的學生。柔石懷揣著文學夢想，滿懷改造社會的抱負，從浙東小鎮來到上海，和魯迅居住得很近。他和魯迅探討文字、觀察現實。魯迅被他的堅持、激情和純真善良所感動，兩人一起吃飯，一起外出。外出的時候，柔石「簡直是扶住他（魯迅），因為怕他被汽車或電車撞死。先生（魯迅）也為他（柔石）既近視又要照顧別人而擔心，於是兩人都張皇失措地愁一路」。這略帶滑稽的溫馨一幕，在 1931 年結束了：柔石被國民黨特務祕密抓捕、殺害！

　　在惡劣、危險的環境中，魯迅進行了頑強的反擊。首先，檢查機關逢「魯迅」必封，魯迅就使用筆名。他一生共使用筆名 140 多個，僅1932 ～ 1936 這四年間，就達 80 多個。比如國民黨機關稱他是「墮落文人」，魯迅就根據諧音取了「洛文」的筆名；又比如魯迅化名「越客」，帶有復仇之意，因為他的家鄉紹興自古就是勾踐臥薪嘗膽之地。魯迅隱蔽的作戰方式，讓國民黨檢查機關大傷腦筋，最後草木皆兵，凡是覺得可能是魯迅化名的文章，一律格殺勿論。

　　其次，檢查機關將注意力集中在寫作內容上，魯迅另闢蹊徑，在「怎麼寫」上發力，「曲線救國」。他主動避開敏感問題和現實話題，去寫中國歷史，寫文學典故，寫西洋事物。檢查官一看題材「安全」，往往掉以輕心，讓這樣的文章發表了。其實，魯迅從司空見慣的話題中，談出了新意，曲折地逼近目標，躲在花叢中向國民政府和黑暗現實開炮。即便是檢查機關喜歡的「春天」、「陽光」等正面題材，魯迅也能寫出「反

動文章」來。這也讓檢查機關防不勝防。

第三，魯迅直接參與出版事務，他辦「地下出版社」，自費印書。如以「三閒書屋」的名義出版《毀滅》、《鐵流》、《士敏土之圖》，以「諸夏懷霜社」的名義出版瞿秋白文集《海上述林》，還支持葉紫、蕭軍等人以「奴隸社」的名義出版《奴隸叢書》。

在作品發表權利遭到剝奪的困境中，魯迅的文章非但沒有減少，反而數倍於前。1927～1936年，他出版小說集《故事新編》和雜文集《而已集》、《三閒集》、《二心集》、《南腔北調集》、《偽自由書》、《準風月談》、《花邊文學》、《且介亭雜文》、《且介亭雜文二編》、《且介亭雜文末編》、《集外集》和《集外集拾遺》……等。

這些作品無一不關注現實，抨擊黑暗。當時多數人投靠國民政府、躲入象牙塔或為「黃金十年」麻痺，談論現實是敏感而危險的事情。「在中國做人，真非這樣不可，不然就活不下去。例如倘使你講個人主義，或者遠而至宇宙哲學、靈魂滅否，那是不要緊的。但一講社會問題，可就會出問題了。北平或者還好，若在上海一講社會問題，那就非出問題不可，這是有驗的靈藥，常常有無數青年被抓去而無下落了。」「在文學上也是如此。倘寫所謂身邊小說，說苦痛啊！窮啊！我愛女人而女人不愛我啊！那是很妥當的，不會出什麼亂子。若一談及中國社會、談及壓迫與被壓迫，那就不行。不過如果你再遠一點，說什麼巴黎、倫敦，再遠些，月界、天邊，那又沒有危險了。」魯迅看到人們「不是懷念『過去』，就是希望『將來』，而對『現在』這個題目，都繳了白卷，因為誰也開不出藥方」。但魯迅的文章始終與現實糾纏。30年代，小品文繁盛，很有歌舞昇平的氣象。魯迅直指其中少有諷刺的雜感，多是「小擺設」，「靠著低訴和微吟，將粗獷的人心，磨得漸漸平滑」。這類麻醉性的東西，一旦多起來，絕不是好事情。他選擇了並不入流的「雜文」來

表達憤怒，發出吶喊：「生存的小品文，必須是匕首，是投槍，能和讀者一起殺出一條生存血路的東西。」魯迅捨棄了小說、擱置了散文，也許這損害了他的「文學成就」，但他鍛造了數量可觀的武器，撞向黑暗的鐵房子。

魯迅還不安分的在思想文化領域「搗亂」，他參加社會活動，更直接地和黑暗現實作對。1930 年起，他先後參加中國自由運動大同盟、中國左翼作家聯盟和中國民權保障同盟，反抗國民政府的專制統治和迫害。由於對一切組織，魯迅都抱有懷疑態度，他沒有在這些組織中擔任領導者，但他無疑是各個組織的關鍵人物。

這是一場絕望的抗戰。那結果，魯迅不但不曾絲毫動搖黨國，反而成為黨部呈請通緝之人；不但沒有奪過「工頭」的鞭子、「元帥」的軍棍，這樣的人物卻照樣掛帥，照樣「以鳴鞭為唯一業績」，他的幾個較親近的年輕朋友，都是給「實際解決」了的。而且，還有不斷糾纏他的文痞、文氓、文探，種子綿綿不絕。魯迅一生傲然挺立，卻是遍體鱗傷，過早地耗盡了體內的全部燃料。（林賢治《魯迅的最後 10 年》）

孤寂的鬥士

先知是孤獨的，勇猛的鬥士注定也要在孤寂中獨自前行。在人們都美稱 1927 ～ 1936 年國民政府統治的 10 年為「黃金十年」時，魯迅卻選擇對它展開無情的諷刺、猛烈的抨擊。當然，魯迅遭到上自政府的查禁，下自「社會中堅」的漠視。他的最後十年時間，是孤獨而寂寞的，伴隨著危險。按照魯迅的話來說，他在上海過著「破帽遮顏過鬧市」的日子。

魯迅已然失去了一個人的正常生活。除了間或到內山書店去，偶爾

看看電影，大抵因人一般，困守在四川北路的一間寓所裡。因為地處「半租界」，所以他把寓所戲稱「且介亭」，是一種特殊的亭子間。至今兄弟反目，昔日的朋友如錢玄同、林語堂等多已分手，或者隔閡日深。年輕朋友死的死，如柔石、瞿秋白；走的走，如馮雪峰之去蘇區，蕭紅之去日本。剩下的，只有蕭軍胡風少數幾個，聚會也極少。他與周圍社會的聯繫，唯憑大量的書報和有限的通訊。孤獨、疾病、死亡的預感，靜寂中充滿騷動。如果說他是一隻沉潛的牡蠣，這譬喻是不確切的，因為沒有殼，也沒有清水。他是游魚，自由是他的生命，可是現在已經落在乾涸而灼熱的河灘上了。（《魯迅的最後 10 年》）

魯迅在上海，一直在戰鬥，和敵人戰鬥，和自己戰鬥。「魯迅的敵人，都不是迎面而來的，而是來自上層、背後、內部，來自周圍，帶有『圍剿』性質。所以，魯迅的戰鬥也就不是一般意義上的鬥爭，而是反叛、反抗、突圍。他反叛社會；反叛所在的階級；反叛集體，直至反叛自己。」（《魯迅的最後 10 年》）

對於四處密布的敵人，魯迅並不在意，但對隱藏在革命陣營內部的假革命者，那些借革命謀利的小人和精神病患者，他感到絲絲寒意。魯迅曾對學生蕭軍、蕭紅說：「敵人是不足懼的，最可怕的是自己營壘裡的蛀蟲，許多事都敗在他們手裡。因此，這有時會使我感到寂寞。」「敵人不足懼，最令人寒心且灰心的，是友軍中從背後來的暗箭；受傷之後，同一營壘中的快意笑臉。」這些施放冷槍暗箭的人，對革命並無真正的功勞，卻善於革命組織內部的行政、升遷，善於借用魯迅的名聲和力量。魯迅對這些纏繞在革命大樹上的藤蔓，也同樣橫眉冷對，並抗拒他們纏繞到自己身上。

更深切的孤獨，來自知識分子內心。如果說獨立和自由是知識分子的特質，這種特質是不是必然導致他們內心的孤獨呢？起碼能確定的

是，歷史上真正的知識分子，都有與社會、與世俗不契合的一面。魯迅也不能倖免。他的獨立和自由，在險惡環境的發酵下，帶來了封閉的味道，「躲進小樓成一統」。但在他的精神世界中，魯迅馳騁在山山水水之上，深情凝望著祖國，奔向若隱若現的未來。他依然沒有放棄未來，放棄對一線光明的追逐。

後人常見的魯迅照片，是一個愛憎分明的黑白形象，叼著菸，深邃的目光刺向遠方。

1935 年 11 月，蘇聯駐上海領事館舉行「慶祝十月革命十八週年招待會」。宋慶齡、魯迅等人參加。宴會後放映了蘇聯電影《夏伯陽》。看完電影後，蘇聯大使問魯迅觀感，魯迅說：「我們中國現在有數以千計的夏伯陽正在奮鬥。」魯迅堅持不懈地戰鬥，但多年的戰鬥和不規律的生活，卻蠶食了他的健康。進入 1936 年後，他的健康每況愈下，早已罹患的肺病日漸加重。肺部只有極小部分是完好的，體重也急遽下降到三十多公斤。

9 月 5 日，在大病間隙，魯迅寫下名篇〈死〉。這篇文章被普遍視為魯迅的遺囑。在臨終時，魯迅依然保持高昂的鬥志，他寫道：「歐洲人臨死時，往往有一種儀式，是請別人寬恕，自己也寬恕別人。我的怨敵可謂多矣，倘有新式的人問起我來，怎麼回答呢？我想了一想，決定的是：讓他們怨恨去，我也一個都不寬恕。」

魯迅在文中簡單敘述了自己的病情，然後對自己的一生做了總結：「自問數十年來，於自己保存之外，也時時想到中國，想到將來，願為大家出一點微力，卻是可以自白的。」文章留下七條遺囑，主要有：「不得因為喪事收受任何人的一文錢」、「趕快收斂，埋掉，拉倒」、「不要做任何關於紀念的事情」、「忘記我，管自己生活」。

1936 年 10 月 19 日凌晨 5 時 25 分，魯迅在上海病逝，安葬在虹橋

路萬國公墓。

在劇烈變革的動亂歲月中，中國尤其需要堅毅的戰士和自由的思考者。在社會需要一面變革的旗幟時，魯迅適時地出現了。他的價值在死後彰顯出來——儘管主要是政治方面的價值。

1938 年，魯迅遺孀許廣平和一些魯迅生前好友、作家一起在上海編輯了 20 卷的《魯迅全集》，以復社的名義出版。當時距離魯迅逝世才兩年時間，又是抗戰時期，能出版 20 卷的恢宏巨著相當不容易。魯迅的學生馮雪峰整理、出版魯迅的作品，根據 1938 年的《魯迅全集》，縮編了一個 10 卷本的版本，於 1958 年隆重推出。此時，閱讀魯迅、談論魯迅成為一件時髦的事情，甚至文壇上出現一些冒稱是魯迅學生的人，之前和魯迅疏遠，乃至有矛盾的人，開始追憶和偉人的「戰鬥情誼」。

十年浩劫期間，魯迅依然代表革命的符號，向魯迅靠攏仍舊是一個安全的措施。魯迅似乎是浩劫期間唯一作品還在發行的新中國成立前的作家，也是唯一一個依舊能夠出版全集的文學家。1973 年，人文社出版了新編 20 卷本的《魯迅全集》。這一版本的注釋非常簡單。之後，隨著對魯迅研究、著作整理的進展和時代的變遷，附加在作品上的注釋越來越多。1981 年，人文社出版了第三個版本、16 卷本的《魯迅全集》，注釋幾乎和正文內容一樣多；2001 年，人文社推出的第四個版本，注釋更多。需要指出的是，現在的魯迅研究，儼然是文學界的一個顯學。出版社能夠調請全國各地的魯迅專家，對魯迅的作品一本一本地進行編輯、注釋。

進入 1990 年代之後，飄揚近半個世紀的魯迅這面旗幟，開始遭到一些人的質疑。魯迅研究專家錢理群說：「從一九八十年代末開始，魯迅突然變得不合時宜。首先是風行一時的新保守主義者反省激進主義，把『五四』視為導致『文化大革命』的罪惡源頭，魯迅的啟蒙主義變成專制

主義的同義詞。然後悄然興起的國學風裡，一些民族主義者、新儒學、新國學的支持者們，鼓吹新的中國中心論，以魯迅為斷裂傳統的代表。再然後，號稱後起之秀、具有中國特色的後現代主義者，用世俗消解理想，告別魯迅就是必然的結論。還有自稱『新生代』的作家，也迫不及待地要搬開魯迅，以『創文學的新紀元』。這是一個很有意味的文化現象，在 1990 年代的中國文壇學界，輪番走過各式各樣的鼓吹者，而且幾乎是毫無例外地、要以『批判魯迅』為自己開路」。

　　時代變了，魯迅那些多疑的、強烈批判性的、風格帶有黑暗色彩的作品，是否還適應新時代的讀者？其實，不管是什麼派別的批評者、也不管是出於什麼目的的批評者，他們無法繞開魯迅，不得不以「批判魯迅」來為自己開路，恰恰說明魯迅沒有過時。魯迅已經和中國近代變革，尤其是民國時期的思想變遷，緊緊結合了。他的文章，記錄了一個時代；批判了一個政權；啟蒙了一代同胞；影響了一切後來者。只要中國社會還存在黑暗；只要落後的思想觀念還在阻礙進步；只要中國人的人性中還有骯髒齷齪的內容，中國就還需要魯迅。

　　魯迅逝世後，郁達夫說：「沒有偉大的人物出現的民族，是世界上最可憐的生物之群；有了偉大的人物，而不知擁護、愛戴、崇敬的國家，是沒有希望的奴隸之邦。」即便中國進入了魯迅所希望的光明未來，還是要追崇魯迅，像尊崇所有見證、推動中國進步的偉人一樣。

社會

選舉：西方制度遭遇中國國情

當今所說的「選舉」，貌似是個舶來品，但這個詞卻是如假包換的中國土著詞。

「選」和「舉」都是土生土長的中國選官制度。「選」，是挑選的意思。古文中的「選士」、「選賢與能」等指的是官府挑選有才能、有賢德的人當官，或者上級官員提拔有政績、言行過得去的下級官員。唐朝規定，五品以上官員由大臣們相互推舉、皇帝拍板任命，六品及其以下官員，文官由吏部、武官由兵部，按規定授官，稱為「銓選」。「舉」，是推舉的意思。古代人要當官，很多時候需要強而有力的人物或名人推薦，比如古文中說的「舉孝廉」、「察舉」、「保舉」、「舉薦」等。有人推薦你去參加考試或當官，他就是你的「舉主」。發現且推薦賢能之人，在古代被視為是高官和名人的一項責任，所謂「舉賢任能」是也。

「選」和「舉」相結合，就是由上而下挑選賢能的選官制度。古代中國的選舉權力掌握在以吏部為主的政府部門手中，俗稱「選政」。官府選拔、調任官吏之權，被稱為「選權」，官吏們的幹部檔案被稱為「選簿」，而掌握選舉權力的官職，則被稱為「選職」。其中有一整套官場的細節，一般人搞不清楚。總之，「選舉」這個東西，在中國歷史悠久。它有鮮明的特徵，比如少數人選擇少數人，又比如由上而下等。

近代，源於西方的現代選舉制度，和其他舶來品一樣洶湧進入中國。它指的是社會大眾透過一定的方式，定期地、自由地、平等地推舉和撤換官吏的制度。這裡的「社會大眾」，是指盡可能多的人，從貴族到平民、從男子到女子，逐漸打破等級、性別、地域、民族、宗教等限制。這裡的「方式」，主要是指一人一票的投票。現代選舉也有鮮明特徵，比如多數人選擇少數人，又比如是由下而上的選擇等。它和中國土

生土長的選舉制度，不能說截然相反，但起碼也是大相逕庭的。習慣了傳統語境中選舉的中國人，能夠適應現代選舉嗎？

晚清選舉是士紳參政的繼續

中國為什麼落後，為什麼老是受人欺負，越來越不成樣子？近代仁人志士們把矛頭對準政治體制。列強之所以強大，是因為他們有選舉、有議會、有《憲法》，而中國這些都沒有，還是高度集權的君主專制體制，所以中國落後。當時世界的潮流似乎也在證明這一點：皇冠紛紛落地，民主制度在各國建立。於是，越來越多的中國人，包括舊體制內部的管理者，都接受了「民主戰勝專制」的論調。尤其是 1904 年，實行君主立憲的日本，在中國人眼皮下，打敗了君主專制的沙俄，上演了「民主強過專制」的生動一課。一時間，鼓吹民主選舉、君主立憲的憲政運動，在晚清風起雲湧。

體制內外激烈要求政治體制改革的人，組成了立憲派。立憲派們迫切的要求，主要有兩點：選舉、設議院，至於制定《憲法》，則可以暫緩。

以載澤、端方為代表的滿族王公大臣，也湊在慈禧太后耳邊，口口聲聲說要用立憲來保大清。立憲與保大清之間有什麼關係呢？按照載澤的說法是：第一，可以借立憲來堵住革命浪潮，消解內患；第二，在國際上樹立民主形象，消除外患；第三，保證皇帝「世襲罔替」。皇帝比較超脫，出了政治問題，把責任推給政府，換政府、不換皇帝。據說，慈禧太后非常讚賞這三點，尤其是喜歡第三點，點頭同意了。於是，她在 1906 年下詔開始「仿行立憲」。

清朝的立憲做了許多預備動作，實質步驟就兩條：1909 年各省成立

社會

省級議會——諮議局，1910 年成立類似國會的中央資政院。這兩條，就足夠當時的社會一片歡呼了。北京、上海、天津、南京等地敲鑼打鼓，開慶祝大會。上海各大報館聯合舉辦慶祝會，上千人到會。馬相伯發表演講：「我中國以四五千年破壞舊船，當此過渡時代，列強之島石縱橫，外交之風波險惡，天昏地暗，民智未開，莫辨東西，不見口岸。何幸一道光明從海而生，立憲上諭從天而降，試問凡我同舟，何等慶幸！」保定師生沒有這樣的辭藻，就集體高呼：「立憲萬歲！」

不過，熱烈迎接立憲的，主要是各地的士紳：讀書人、在籍官員、讀過書的商人等。他們一直是中國社會的主流力量。士紳階層有文化、有閱歷，掌握政治話語，又有群眾基礎，是官府和百姓溝通的橋梁。老百姓們有什麼問題，習慣找本地士紳主持、解決；父母官遇到大事，也會召集士紳來請教、商量。所謂「為政不得罪巨室」，本質上說的也是士紳階層力量的膨脹。士紳的角色，有千百年的累積，為官民所承認。多數時候，幾個士紳碰個頭，就決定了本地的很多事情。如今要學習西方，成立地方議會，自然也是當地士紳衝在前頭。

老百姓不懂什麼是議會，什麼是選舉，依然推舉士紳來代表他們——他們已經習慣讓士紳來代表了。

父母官不懂什麼是議會，什麼是選舉，依然找到士紳，請他們來組織地方議會。士紳們、老百姓和官府，都覺得這是正常現象。鄉紳議政，自古如此！

事實上，清政府公布的諮議局選舉辦法，就是把參與者限定為鄉紳。想要投票，首先必須是 25 歲以上的男子（女性或 25 歲以下男子沒有選舉權），其次還要滿足以下條件之一：1. 曾在本地從事教育、公益事業滿三年以上，並卓有成效；2. 曾在本國或外國獲得相當於中學及以上學歷；3. 有秀才及以上功名；4. 曾任七品以上文職、五品以上武職的官

員，並沒有被彈劾、革職紀錄；5. 在本省擁有 5,000 元以上資產；6. 若是外省人在本省投票，必須擁有 10,000 元以上資產。因此，有投票資格的人，不是地方士紳，就是富豪。

至於競選諮議局議員的人，首先必須是 30 歲以上男子，其次還有諸多限制：必須識文斷字，這就把暴發戶、土財主排除了；必須「品行端正」，這更是完全由士紳階層「公議」的，他們覺得誰「品行不端」，就可以剝奪誰的競選資格。

1909 年的諮議局選舉，實際上成為各省士紳之間的遊戲，依舊是傳統意義上的選舉。就像之前修繕孔廟、編纂地方志或者鋪路修橋一樣，士紳們聞訊而來，作揖寒暄，互推互讓，就完成了中國歷史上的第一次議會選舉。一個人即便再想當議員，也得憋在心裡，裝出灑脫和謙讓的姿態，這就是讀書人的矜持。當選的議員，紛紛表示勉為其難、不負眾望、服務桑梓──和之前士紳議事沒有本質差別。

各省當選的諮議局議員，90% 都有秀才及以上功名，相當部分是賦閒或者候任的官員。真正從事近代事業的工商業者、歸國留學生，少之又少。實際上，各省諮議局的議員名額，不是根據人口規模決定的，而是照搬科舉功名的比例。科舉大省，也是議員名額多的省分。

諮議局組成後，議員們互選產生中央資政院的議員。這又是一個相互謙讓、客氣的過程。平均每省產生 4、5 名議員，一共是 100 名，屬於資政院民選議員。另外 100 名議員由皇帝欽定，屬於欽選議員。欽選議員中，宗室王公世爵 16 人、滿漢世爵 12 人、外藩王公世爵 14 人、宗室覺羅 6 人、各部院官員 32 人、碩學通儒與納稅多額者各 10 人。民選議員和欽定議員比例 1：1，但由於資政院的總裁、副總裁（正副議長）和祕書長是欽定的，且享有表決權，所以欽選議員占有數量上的絕對優勢。

《諮議局章程》規定：「諮議局為各省採取輿論之地，以指陳通省

利病，籌計地方治安為宗旨。」理論上，諮議局議員們可以參與地方上的財政預決算、干預決策和行政，但是他們的決議沒有強制力，最終要匯集到各省督撫手中，由後者裁奪施行。督撫掌握決定權，就使諮議局成為一坐而論道的場所。此外，地方督撫對諮議局還有監督、勒令停會和奏請解散的大權。不過，對於本省督撫侵奪諮議局權限或違背法律等事，諮議局也可以呈請資政院申訴。資政院同樣也是坐而論道，一切決議報給攝政王、軍機處裁決。

由於各省督撫和諮議局很大程度上延續了官員和士紳議政的傳統，所以雙方硬碰硬、撕破臉的事情極少見。地方督撫對諮議局議員們相當客氣，議員們也溫文爾雅，與地方官互動良好。諮議局內部更是一團和氣，像後世議員那樣拍桌罵人、發生肢體衝突的情況，完全無法想像。地方督撫真發生了侵犯諮議局權限的情況，比如沒有告訴諮議局就徵收苛捐雜稅，侵犯了士紳的利益，地方督撫也會事後很誠懇地來承認錯誤，請求「追認」，諮議局的議員們義憤填膺之餘，也會向資政院申訴。

資政院的議員們，是功名高、名聲大的士紳。雖然欽選議員占多數，但欽選議員中多數人也是士大夫出身，在很多事情上傾向民選議員的立場。遇到貪官汙吏的惡行、地方官府侵犯諮議局權限等事，民選議員們往往據理力爭、長篇大論，會引起讚嘆叫好聲，欽選議員也紛紛附和。資政院議員中，江蘇的雷奮，湖南的易宗夔、羅傑，直隸的劉春霖（末代狀元），都是擅長慷慨陳詞的議員，頗為引人側目。所以，民選議員主導了資政院，欽定的總裁、副總裁也要根據多數議員的決議，向朝廷「抗命」或者為難中央部委──儘管沒有實質效果。

資政院和諮議局多多少少掌握了一些權力，更直接地參與社會事務，就是坐而論道，也論得相當起勁，引起很大的關注。西式的民主，在晚清變成士紳的民主，變成官府向士紳的有限放權。

　　中央集權鬆散，權力向地方和漢族士紳手中轉移，是晚清歷史發展的趨勢。1909 ～ 1910 年的選舉，迎合了士紳階層的要求。不過，諮議局體制放權有限，滿足不了士紳們已經膨脹的權力欲望。加上國家內憂外患不斷加重，士紳們急迫地想走上舞臺，親手扭轉劣勢。但清王朝推行立憲的目的，是讓皇權「世襲罔替」，是斷然不會放棄實權、大權的。表面上，士紳議員們和清政府沒有撕破臉，但內心是不滿的。他們掀起了多次要求加快憲政步伐的請願活動，幾十萬人開會、喊口號、遞交請願書，激進者自殘、寫血書。他們要求盡快制定《憲法》，設立有實權的議會體制，改君主專制為君主立憲。結果，都被清政府無情地驅散。清政府抱著憲政不能一蹴而就、中國民眾素養過低的「國情」不放，拒絕推行真正的憲政。好不容易廢除軍機處，成立責任內閣，結果閣員大多數都是皇室成員，被譏諷為「皇族內閣」。

　　1911 年武昌起義爆發，清王朝呈現出崩潰的跡象。危急形勢逼迫最高統治者進行政治改革，資政院抓住機會，逼著滿族王公大臣大規模放權，真正實行君主立憲。（而南方許多諮議局選擇和起義軍合作，或者乾脆篡奪地方督撫宣布獨立。）資政院則擬訂了《重大信條十九條》作為「臨時憲法」，在 11 月 3 日正式公布。這個「臨時憲法」走得非常遠，遠得可以用「大躍進」來形容，比如「皇帝之權，以憲法所規定者為限」，「皇位繼承順序，於憲法規定之」，「憲法改正提案權屬於國會」，「總理大臣由國會公舉，皇帝任命。其他國務大臣，由總理大臣推舉，皇帝任命。皇族不得為總理大臣及其他國務大臣並各省行政長官」，「憲法及法律的起草、憲法改正案的提出、涉外事務的決策、海陸軍調遣、官制官規、預算開支、皇室經費之制定及增減，由國會議決」等。按照這個文本，之前絕對專制的皇帝，完全成為一個可有可無的「虛君」。皇帝的權力被緊緊限制在「憲法」範圍內，沒有人事權、沒有軍事指揮權、

不能隨便頒布聖旨，就連自己的吃穿用度，也要看議會的眼色，甚至連誰當皇帝都要由議會說了算。這無疑是一個巨大的進步，達到甚至超越立憲派之前奔跑呼籲的要求。在資政院議員和多名官員的敦促下，攝政王載灃代替年幼的溥儀，在太廟宣誓皇室遵守「十九條信條」。

12月6日，隆裕皇太后降旨准許載灃辭去監國攝政王之位，同時要求其他王公貴族「恪守家法，束身自愛」。「皇族內閣」總辭呈。清廷隨即任命袁世凱為內閣總理，組織新政府。資政院馬上提出：現在皇帝已經沒有人事權了，不能任命大臣，任命袁世凱「違憲」！清廷還真的就收回了上諭，請資政院選舉新總理，隨後資政院以無記名投票，公選袁世凱為總理大臣。清廷再次發布上諭，任命袁世凱為新總理，讓他組織新政府。

袁世凱在轉瞬之間，當了「兩次」總理。《重大信條十九條》第一次發揮了大作用！可惜也是唯一的一次。

不過和其他晚清改革一樣，清政府既想向前走，又扭扭捏捏，不願意放棄既得利益，畫虎不成反類犬，注定不會成功。很快，清王朝就在革命浪潮中被各個階層拋棄、覆亡了。諮議局體制也壽終正寢，《重大信條十九條》規劃的君主立憲政體，也就成為無源之水、無本之木了。

第一屆國會命運多舛

中華民國是亞洲第一個民主共和國。它是由臨時參議院授權產生的。但是，這個參議院本身不是選舉產生，遠談不上民主。

臨時參議院的成員，主要是獨立各省向武昌、上海派出的代表（一般是兩名）。名義上是民眾代表，實際上多數是都督派來的，少數代表則乾脆是在武昌或上海的本省籍知名士紳。更有極少數是由晚清的資政院

議員轉化而來，比如江蘇省的雷奮，幾天前還在北京的資政院裡旁徵博引，現在就到南京來代表江蘇組織新政府了。當時的人們也沒有覺得其中有不妥之處：他原本就是本省士紳公推的代表，如今依然得到本省的支持。另外，參議院的瑕疵還有：奉天（遼寧）、直隸（河北）、河南三省各來了一個代表，但三省並沒有獨立，他們不可能是都督派來的，也不是地方士紳公推的；因為參議員來源多重，不僅各省人數不一，且同省之人也互爭代表資格。究其原因，一方面是「臨時」所致，另一方面也有士紳參政傳統的影子。

同盟會占了參議院的人數優勢。畢竟革命告成，要成立共和國了，革命黨人是付出過心血和犧牲的，傳統的士紳們不好意思排擠革命黨人，獨占政權。事實上，革命黨人占據一些獨立省分的政權。士紳們對民主共和那一套也不太懂，又不像部分革命黨人那樣高調去爭取席位，所以在臨時參議院中處於劣勢。

就是這個非民選的參議院，授權組織了中華民國，又通過臨時約法，且決定在全國舉行直接選舉。選舉要產生第一屆國會（分參眾兩院），制定《憲法》，選舉正式政府。於是，1912 年年底，神州大地上出現了第一次真正意義上的現代選舉。

開天闢地第一次的選舉，難度可想而知。且不說絕大多數中國人還不知道「選舉」為何物，也不說當時中國並沒有完備的戶籍制度，就連當時中國人的文化素養之低，就讓人難辦。新中國成立之後的 50 年代進行選舉時，選舉人員就發現，許多普通百姓連名字都沒有，談何登記為選民或候選人？幾十多年前的選舉登記情況只會更糟，不會更好。可是，民國締造者們對本次選舉期望很高，規定的時間很死，務必要在幾個月內完成選舉、組成各級議會組織，以便完善民主共和政體。於是，1912 年年底的選舉，注定是倉促的，被傳統的官紳階層所操縱——從本

質上來說，依然沒有脫離中國古代選舉的範疇。

1912 年選舉的限制大為減少，年齡、收入等門檻大大降低，參與人數增加了。但普通老百姓對它依然很陌生，就連官紳階層、傳統讀書人，也對這次選舉感到迷惑。共和黨眾議員王紹鏊回憶說：「我在江蘇都督府任職期間，曾抽空到江蘇的蘇、松、太一帶作過四十幾次的競選演說。競選者作競選演說，大多是在茶館或在其他公共場所裡。競選者帶著一些人，一面敲著鑼，一面高聲叫喊：『某某黨某某某來發表競選演說了，歡迎大家來聽呀！』聽眾聚集後，就開始演說。有時，不同政黨的競選者，在一個茶館裡同時演說，彼此分開兩處、各講各的。聽講的人，大多是士紳和其他中上層人士，偶爾也有幾個農民聽講；但因講的內容在他們聽來不感興趣，所以有的聽一會兒就走開了，他們坐在那裡也不聽。」西方式的政見宣傳和爭辯，在中國被省略了。對普通百姓來說，議員競選就是看到茶館裡多了個高談闊論者。殊不知，王紹鏊所在江蘇地區的選舉情況還算是最好的。各地方因為競爭選舉，激起風潮，有的搶奪票匭，有的搗毀投票所，有的暴行脅迫，種種壞法亂紀的事情層出不窮。難怪當時領導選舉的袁世凱擔心：「誠恐我國民欲藉此選舉以求幸福者，將因此選舉而得奇禍。」

熱衷西方議會政治的同盟會員宋教仁，在選舉前整合約盟會和四、五個政團為中國國民黨，信心滿滿，要奪下國會的多數席位，組織政黨內閣，像西方國家那樣自由競爭。之前，不少革命黨人因為袁世凱成為臨時總統，覺得大權旁落，心有不甘。宋教仁就開導他們：「別怕，等我們奪下議會，就組織自家內閣，把老袁限制得死死的。他老袁也就只能當幾個月的實權總統，沒什麼的！」宋教仁料想得半對半錯：國民黨的確奪下國會多數席位，但離議會政治還很遠。國民黨之所以能奪得多數席位，是因為革命的餘威尚在。中國人普遍覺得「改朝換代」了，自然

要推舉一些新人出來。這就能夠解釋，為什麼民國初年，不少年紀輕輕的新式學生、革命青年，當上了議員、地方都督等。

但是，國民黨的多數只是簡單多數，傳統士紳們是絕對多數。舊官紳（前清官僚和有功名的讀書人）直接占據三分之一的國會席位。就是當選的國民黨議員中，也有相當比例是前清官員和讀書人。真正從事新式教育、律師、記者、醫生或資本家、商人出身的議員，是絕對少數。可見士紳的力量之大，在民間還有強大的基礎。按照張鳴的說法，所謂的選舉，就是工作人員拿著票箱，到鄉鎮四處吆喝幾聲。為生計勞碌的民眾們，幾乎沒有去投票的，也不懂怎麼投票，當然還是推舉本地士紳代勞。於是，和臨時參議院相比，第一屆國會中，士紳階層的力量大增。

新當選的議員，在一定程度上知道議會為何物。尤其是其中有相當比例的人，接受過新式教育，還有不少留學生。但他們所學的專業，幾乎不是政治，就是軍事，對西方社會運作極少了解；留學生議員多數是表面立憲、實則君主獨裁專制的留日學生，極少有留英、美等成熟民主國家的學生。他們不知道真正的議會民主如何操縱，如何與社會公眾保持聯繫，如何在中國推行真正的民主。

第一屆國會開幕後，議員們在自己的薪資、選舉正副議長、開會程度等細枝末節上糾纏不清。議員應該照什麼標準拿薪資，津貼如何支付？議員們是按照黨派就座，還是按照當選省分就座？表決投票的時候，是實名唱票，還是無記名投票？國會如何和中央部委行文，又怎麼約束政府部門執行國會決議？議員們覺得這些問題很重要，但就是找不到答案。他們真正處理的第一件大事，是宋教仁遇刺案。宋教仁在國會開幕前被暗殺，案情不明。國民黨人沒有查清楚真相，沒有實權、又不深入調查的國會議員們，除了表示憤怒外，自然也沒有進展。同時，袁世凱政府為了解決財政危機，向外國銀行借款，事先沒有通知國會。於

是議員們又義憤填膺，鬧出了「大借款風波」。當時國會中還有相當議員是支持袁世凱，希望他出來穩定時局的。所以，國會內部存在重大分歧，重要議案常久拖不決。

民眾很快發現：怎麼我們的國會就是解決不了問題呢？多數之前對國會抱有熱切希望的人，也這麼想。而政府官員們，則抱怨國會非但解決不了問題，反過來還干涉政府行政。總之，沒有人覺得國會好。

地方議會的處境也不妙，地方政府和議會不斷發生衝突。江西臨時省議會本來支持李烈鈞出任都督，後來因督軍和議會的權限產生分歧，雙方分道揚鑣。李烈鈞要改選議員，而反對議員要求更換都督。廣東省議會和都督胡漢民的關係也很不好，指責胡漢民「歷行軍政，蹂躪法權」，對省議會的法律文件，不照樣執行。而胡漢民則否認省議會有立法權限，指責議會干涉行政。

不討好的第一屆國會，只有幾個月時間真正正常運作。1913 年 7 月，「二次革命」爆發，袁世凱政府和國民黨兵戎相見了。國民黨一敗塗地，但袁世凱對國民黨籍議員還相當客氣。絕大多數國民黨議員都沒有參與「二次革命」——可見國民黨存在內部分歧。況且，袁世凱還需要他們來選自己成為正式大總統。等到袁世凱逼國會選舉，自己當上大總統後，立刻收繳國民黨籍議員的資格證書，驅散北京的國民黨人。很快，國會嚴重缺員，表決議案達不到法定人數，名存實亡了。之後一直到袁世凱死後，第一屆國會再也沒有發揮過實效。

袁世凱復辟身亡後，第一屆國會重新開張，但依然沒有走上正軌，客觀上也沒有充分的時間讓他們走上正軌。執政的段祺瑞和總統黎元洪，因為內閣和總統的職權糾紛，爆發「府院之爭」，殃及池魚。迫於張勳復辟的壓力，黎元洪解散議會。段祺瑞推翻復辟後，又拒絕恢復這屆國會，孫中山為此發起了「護法運動」。部分國會議員響應號召，南下廣

州，成立非常國會。段祺瑞、徐樹錚等乾脆張羅第二次國會選舉，企圖選出新一屆國會。

這次選舉的功利性太強，執政者一心選出「御用國會」來，在實踐中談不上公開公平。地方軍閥直接買票，找到當地的士紳和宗族，一手交錢、一手填選票。在中央，段祺瑞、徐樹錚等人組織安福俱樂部，拉攏候選人吃喝嫖賭、封官許願。結果，段祺瑞一派的政客組成了第二屆國會，俗稱安福國會。這屆國會除了被段祺瑞皖系軍閥利用外，還選出徐世昌為總統。但即使在軍閥內部，很多人都不承認這個國會的合法性，更不用說民眾和後代歷史學家了。

各地軍閥在此前後操辦了多場選舉，對選舉從些許敬畏，轉為控制。士紳們的態度也在轉變。起初，他們還覺得國會是士紳參政的升級版，現在，士紳們看到國會運轉不靈、醜聞爆出，不再那麼認為了，對選舉也不熱衷了。所以，當軍閥覬覦他們手中的選票時，士紳們很樂意進行利益交換，比如要軍閥承諾做點社會事業，或者乾脆把選票賣個好價錢，然後用這筆錢做點事情。選舉漸漸變異成為權力鬥爭的衙門。

話說新直系軍閥推翻皖系軍閥，曹錕、吳佩孚等人捧出「法統重光」的招牌來，請出黎元洪來完成任期，同時恢復第一屆國會。多數議員聚攏回來，可惜，他們經過十來年的坎坷和困頓，暮氣沉沉，不復當年的問政熱情，不思報國，而只顧私利了。

議員們面臨的最大問題是：窮。因為窮，所以當國會恢復後，買賣立法權逐步從私下轉向公開。誰想通過有利於本行業、本地區，甚至本人的法案；誰想獲得內閣或地方上的職位；誰想借助議會影響行政或司法，都可以買通議員，如願以償。於是，賄賂議員興起為一個專門的行業，有中間人、有價目表，形成產業鏈。若發生財產糾紛，甚至有對簿公堂的。有人要收買國民黨議員鄧元，委託屈榮崇、梁福通、何承卿三

人在中間引見、溝通，結果事成後，賄賂和受賄雙方，都沒有給三個中間人中費（介紹費）。三個中間人聯名向京師地方審判廳提起訴訟，其中陳述理由為：「竊買賣房產，中費多寡各方習慣不同，以動物而論，如賣豬買羊，各地亦有成規，斷無霸吞行錢之理。豈議員而獨不然耶？況豬羊價賤，尚且優待行戶，議員價昂，何得刻苦中人。」將賄賂議員和豬羊買賣相提並論，議員和豬羊何異？老百姓毫不客氣地稱議員是「豬仔議員」。

　　直系軍閥恢復第一屆國會的目的，不是為了民主，照樣是將國會當成工具。曹錕等黎元洪任期將滿之時，就迫不及待地要過過當總統的癮。他不像袁世凱那樣來硬的，也不像其他軍閥那樣重新選舉，而是直接拿錢賄賂第一屆國會議員們。墮落的議員們，多數也拿錢辦事。結果，曹錕賄選成功，粉墨登場。消息傳來，社會各界紛紛譴責。奉系軍閥張作霖叫嚷：「曹錕是三花臉，是小醜，我們東北人絕不捧他！」張作霖宣稱議員若能拒絕曹錕的賄賂，可以向自己領取相同數目的金錢，美其名曰「反賄選」。被曹錕逼下臺的黎元洪，也在天津開出一人 5,000 大洋的價錢，號召議員來津。在廣州護法的孫中山下令討伐曹錕，通緝賄選議員，並對列強聲明曹錕為僭竊叛逆。各省官紳也聲討本省的參選議員，個別省分甚至開除議員的省籍，讓他們無臉面還鄉。

　　第一屆國會自此徹底破產。曹錕的總統也沒當多久，就在北京政變中被推翻了。繼而上臺的奉系張作霖，雖然嘴上譴責曹錕，但做得比曹錕更過，他乾脆取消國會，成立軍政府。第一屆國會再也沒有機會恢復。等到北洋政府被推翻，國民政府 1928 年統一中國，有新的政治理念和制度設計，自然也就不會承認 16 年前的國會了。

「國民大會」成鬧劇

南京國民政府本質上，是一個專制政府。國民政府集權專制的一大特點，就是國民黨開始滲入政府的各個層級、各個機構，甚至泛溢到社會領域。

國民黨作為一支新的力量，一支有組織的強大力量，進入中國社會，開始打破傳統社會的力量格局。客觀上，它有利於政令上傳下達，幫助國民政府鞏固統治，但運用不當就會侵蝕其他力量的空間，導致政府權力氾濫，壓縮社會寬容和自由度。

在現實操作中，國民黨以黨代政。黨的最高權力機構，就是國家最高權力機構；所有政府官員都由黨組織選任；法律的制定、修正和解釋權，由黨組織執掌，黨的決議甚至具有法律效力。國民黨組織穩步擴散到政治、社會各個領域，占據關鍵崗位和領導職位的都是國民黨員，黨員隊伍持續擴充。國民黨把觸角伸到各處，控制政府，反過來又用政府權力、國家資源來強化自己的政黨，黨政一體而不分。因為決定個人禍福的是黨組織，黨員首先聽命於黨組織，服從國民黨的安排，其次才是國家和政府。這是民國政治的一大轉折。

國民黨有關國會的理論，主要是「軍政、訓政、憲政」理論。軍政的目的是奪取政權，統一中國。當國民政府完全占領一個省，該省就進入訓政階段。在此階段，政府派員訓練、協助人民進行縣級民主，直接選舉官員，實行自治；當一省所有的縣完全自治後，該省就進入憲政階段，選舉省長。當全國有一半省分進入憲政階段後，全國進入憲政階段，制訂《憲法》，選舉中央政府。1928 年，國民黨公布了《訓政綱領》，宣布中華民國進入訓政時期。

社會

訓政期間，國民黨全國代表大會作為最高權力機構，領導國民行使政權。因此，這個階段中國就不需要議會了。國民政府負責行政，但要接受國民黨中央的指導和監督。這就赤裸裸地明確了以黨代政原則，引發爭議。國民黨元老胡漢民提出「訓政保姆論」，出發點是中國人的民主素養太低，需要先經過悉心教導，才能推行憲政。以胡適為代表的反對派，認為「憲政是憲政的最好訓練」，就像要在水裡學游泳、在戰爭中學戰爭一樣。

1929 年，國民黨宣布訓政期限為 6 年，到 1936 年 5 月，國民政府公布了《中華民國憲法（草案）》，準備選舉國民大會作為國家最高權力機構。「國大代表」總數為 1,200 名，分為區域選舉、職業選舉、特種選舉三種。雖然年滿 20 歲的中國人都有選舉權，但候選人經過推舉後，最後要由國民政府「指定」，而且國民黨中央執行委員、監察委員「自動當選」，所以選舉規則一開始就是不公平的。後來，國民黨取消了指定候選人的規定，但同時又另設「指定代表」240 人，加上自動當選和特種選舉的人，總計達 600 多人、占總數 40%的代表是未經選舉的。

為了保持政治優勢，國民黨可以借助黨進行選舉動員和組織，可以利用各級政府資源來服務選舉。這使其他力量或組織，無力與國民黨抗衡。國民黨可以調動整營的軍隊，排隊去投某個候選人的票，其他組織可以嗎？國民黨籍的地方官員，可以憑藉黨和政府的平臺，宣傳拉票，非國民黨籍的候選人可以嗎？各級黨組織甚至可以強迫黨員投固定候選人的票。所以，國民黨注定是選舉的贏家。

由於中日關係緊張，1936 年年底又爆發「西安事變」，國大選舉受到極大衝擊。到 1937 年夏，除被日本占領的東北、臺灣和在日本脅迫下「自治」的華北以外，其餘各地的國大代表選舉才告完成。但不久抗日戰爭全面爆發，國民大會無法按時召開。這一耽擱，就是 10 年。

1946 年年底，國民政府召開第一屆「國民大會」。這次國民大會中心任務是制訂《中華民國憲法》，故又稱為「制憲國大」。按照這部《憲法》的規定，1948 年要召開第二屆「國民大會」來「行憲」。於是，1947 年 11 月底進行了第二次「國民大會代表」選舉。

國民政府把歐美各國選舉制度抄抄寫寫、拼湊了一番，弄出一套看似光鮮亮麗的規則。幾乎是到一定年齡，不分性別、貧富、民族、尊卑，只要沒有精神病，都可以去投票。代表名額按縣分配，每縣選出一人，人口超過五十萬的縣，每超過五十萬人增補一個代表名額。為了照顧偏遠民族、海外僑胞、流亡居民的「權益」，選舉規則都做了相應的照顧。中國人如果想成為「國大代表」候選人，有兩種途徑：第一是由黨派提名，第二是經 500 名以上選民簽署推薦。

1947 年選舉前，國民黨表示：「這次國民代表選舉的結果，如果本黨同志只占半數，則可以說是我們的成功，若是超過半數甚遠，甚至占百分之八十或九十，則是本黨的失敗，而非建國的成功。」表面看來，國民黨只追求簡單多數的選舉目標，還排斥絕對多數的選舉結果。它要給外界一個「民主」、「寬容」的形象。遺憾的是，環顧全國，捧國民黨的場、願意參與選舉的，只有兩個小政黨：民社黨、青年黨。而且這兩個黨的參選還是有條件的，那就是要求國民黨「分配」給他們多少個國大代表名額。可國民黨認為這兩個花瓶黨「開價太高」，一心要平價。談妥後，兩黨又要求國民黨保證承諾的名額。國民黨不願意保證，藉口說這樣做「有欠民主」──畢竟是民主選舉，國民政府怎好公開保證某人一定當選？而民、青兩黨則認為，捨此即非「民主」。於是你說你民主，我說我民主，雙方開始拉來扯去。見民主法寶失效，民社黨急中生智，以抵制選舉為要挾。最終，三黨兩方總算以「合理的價目」成交。

大的利益分配談妥後，各個黨派內部爭鬥開始了。各黨有頭有臉的

人請願的請願、開會的開會的，拉幫結派，甚是熱鬧。政黨提名誰參加選舉，就成了大問題，於是產生了「圈選」爭議。

「圈選」又名「欽定」，被圈在圈圈裡的，當然樂不可支，而被排擠在圈圈外的，則無不氣憤填膺、如喪考妣，大有痛不欲生之慨。一時間，開會、請願……一大群一大群的人，像無頭蒼蠅般，東跑西鑽、熙熙攘攘、拖拖拉拉、喊喊叫叫，未曾「競選」先「競圈」，不問「民意」問「黨意」，想不到小小的圈圈，到了大人先生筆下，竟會有如此巨大的威力。（《京話》‧首都之「大選」前夕）

選舉過程中發生了不少有趣的新聞，《京話》就記載了南京的選舉「盛況」。選舉前夕，南京全市掛起國旗，牆上那些「根治白濁」、「包癒淋病」的廣告，一夜之間都全被五顏六色的競選標語吞沒了。有的標語寫明「請投 ××× 一票」，第二天早上一看，「×××」上貼了一個又肥又胖的大烏龜。當然，馬上有人把大烏龜扯下來，重新貼上「×××」的大名。有的標語大吹大擂，很有捨我其誰的氣概，轉頭一看，上面出現「空頭支票，幾時兌現」之類的批語。更有人專門喜歡跟別人搶地盤，把別人剛貼上的標語扯掉，換上自己的廣告。於是，扯扯貼貼，貼貼扯扯，競選人不惜花錢，印刷店的老闆笑口常開。宣傳卡車出現在各條大街，花花綠綠的小傳單從汽車屁股裡往外到處亂飛，惹得一大群一大群孩子、車伕、小販，都跟在後面追逐著搶「手紙」。

儘管傳單標語滿街都是，但選民們一點投票熱情都沒有，最積極的也只是停下來觀望。南京的投票場面相當冷清。選舉當日，工作人員坐在投票所的冷板凳上空等，半天也看不到一個人來投票。根據非正式估計，區域選舉城區棄權者，在百分之七十至八十以上。當然有一些「熱心選民」，一天之內去投了上百張，甚至是幾百張選票。所以，投票場面雖然不踴躍，開出來的票數卻相當嚇人。比如南京中華路育群眾學投票

所，正式登記在冊的選民是 1,279 人，開出來的票卻有 1,299 張；而憲光小學的選舉更加「富裕」，僅在一個票櫃中，就憑空多出了 150 多張選票來。

開票結果，南京各個投票所都有人投「王八蛋」的票。綜合起來，這位名叫「王八蛋」的候選人得票名列前茅，足以衝擊國大代表資格。

各地選舉結果出爐後，國民黨中央大呼意料之外，原以為「黨派提名」候選人當選沒有問題，所謂的「簽署推薦」只是用來點綴門面的。各級政府和國民黨組織也命令地方保證黨派候選人當選，可各地未經國民黨、民社黨和青年黨提名而「簽署」當選的國大代表，就有 600 多名。許多國民黨提名的代表落選，民社黨和青年黨提名參選的黨員更是損失慘重，青年黨按原計畫，有 300 名代表名額，結果僅當選了 76 名；而民社黨以為能確保的 260 名代表，僅當選了 68 名。在一些地區，兩個小黨代表全軍覆沒。

國民黨不願意了，自己提名的代表不能當選，總覺得對「國民大會」控制不了。民社黨和青年黨更不願意，覺得國民黨言而無信，明明答應保證兩黨代表名額的，現在卻讓兩黨顏面盡失。既然要營造「民主」色彩，當然不能讓其他政黨在「國民大會」上絕跡。好在透過「簽署」當選的代表大多是國民黨員，國民黨就搬出「黨紀」來，命令這些「意外」當選的國民黨員，把代表資格讓給國民黨、民社黨、青年黨三黨落選的提名代表，尤其要保證民社、青年兩黨的當選代表比例。

那些「簽署」代表更不願意了。憑什麼要我把代表資格讓給別人啊！況且老子為了這個代表資格花了血本、砸下重金了。你要我讓位，不是要我血本無歸嗎？國民黨講「黨紀」，他們就搬出「國法」，再扯出「民主」大旗，要求領取資格證書。簽署當選代表聯合起來，湧到南京請願。另一邊，落選的提名代表也聯合起來，請願的請願、遊行的遊行，

向國民黨施加壓力，要求出席「國大」。兩派不斷集會，發表宣言、互相攻擊、指責，並圍攻國民黨中央的要人。南京城政治圈內著實相當熱鬧。深得中國「和稀泥」傳統精髓的選舉委員會，兩邊都不得罪，宣布簽署代表當選有效，又向落選的提名代表承諾，以其他方法予以安排。除了少數鑽牛角尖、較真到底的人外，兩幫人的糾紛才漸漸平息。

1947 年，全國 4.7 億人口中，有 1.65 億人登記參加「國大代表」選舉，11 月 24 日回收有效選票為 2 千萬張，投票率僅為總人口的 4%。

1948 年第二屆「國民大會」在南京召開，任務是行使 1946 年《憲法》，因此被稱為「行憲國大」。3 月 29 日，原定 11 時開始的開幕典禮，因為會場秩序混亂，推遲了將近半個小時才舉行。與會的代表們也許是見到朋友太多或者是過於熱情，不斷寒暄，四處握手，就是不坐到位置上來。大會祕書長洪蘭友不斷要求會場安靜，好不容易招呼代表們就座後，才宣布開會。本次「國大」應有「代表」3,045 人，開幕時實到不足 2,000 人。

「國大」的帷幕拉開後，每天都有連臺好戲上演，真是五色繽紛、目不暇接。三千代表集於一堂，遠遠望去，人頭如黑皮西瓜滾動，提案似白色蝴蝶亂舞。四壁裝飾華麗，布景堂皇，場面偉大，而演來刻劃入神，尤使人感動：香豔的有──「國大之花」天香國色，「國大牡丹」能歌善舞，「國大之鶯」嗓音悅耳，並有「護花使者」、「聞香社」、「捧鶯團」等小組。某代表對「國大之花」特別感興趣，填詞一首曰：「君坐樓下頭，我坐樓上頭，日日思君君不知，共開國大會……」纏綿、熱烈、蕩氣迴腸。悲慘的有──東北國代孔憲榮憂國自縊，「民主烈士」抬棺赴會，絕食代表進入第二十日後，血液凝固，垂垂欲死。緊張的有──修憲之爭，對話筒展開「爭奪戰」，指鼻互罵、揮拳喊打，眾代表推推拉拉、混戰一團……會場中更是愈加熱鬧，由「噓」進步到呼

「打」，由「滾下來」發展到「國罵」——「混蛋」、「媽的×」，由「君子動口」的協商，到「小人動手」的全武行，怪狀百出，其態萬般。

至於嚴肅的政治討論，臺上的掌權者和臺下的代表們，都沒有放在心裡。所謂的《憲法》也好、決議也好，早已經擬定好，代表們不過是畫諾而已。

5月1日，「行憲國大」閉幕。這次大會開了34天，花費金元券999億多元，僅選出正、副總統而已。最後，《中華民國憲法》順利通過，國大總算圓滿閉幕了。上百億元的費用也總算可以報銷，代表們也各自領路費回老家了。這也是本屆「國大」的「絕唱」。第二年（1949年），國民政府就被推翻了。

傳統的士紳力量，在「國大」代表選舉中，進一步萎縮。當選代表，不是國民政府各級官員，就是黨組織屬意的黨員或積極分子。這其中有現代社會發展、鄉鎮居民結構發生巨變、士紳存在的基礎動搖等原因，也有因士紳們認清了國民黨主導下的競選本質。所謂的「國民大會」，披著西方民主的外衣，行國民黨專制之實，解決不了實質問題，反而敗壞聲譽，有操守、顧名聲的士紳們，都不願意廁身其間。他們更願意把選票賣給國民黨，然後拿錢去扶貧濟困、服務桑梓。

袁世凱逼選和曹錕賄選

民國「民主史」上，有三場選舉值得單獨拿出來說：袁世凱逼選總統、曹錕賄選總統，和「國民大會」選舉蔣中正、李宗仁為正、副總統。

1913年的袁世凱，迫切想把「臨時大總統」的「臨時」兩個字去掉。他鎮壓了國民黨的「二次革命」，控制了長江流域，是國內最強大、無人能挑戰的人物。很多人在心裡，也把袁世凱視為穩定局勢的不二人

選。應該說，如果走正常流程，袁世凱當選正式總統的可能性很大。但是，袁世凱不這麼做。他對議會體制沒有好感，也不信任，自覺站到議會的對立面。歷來，領導者的選舉法都是《憲法》的組成部分，先有《憲法》，再選舉領袖。但是，袁世凱不想要約束自己和政府的《憲法》，只要總統職位。於是，他千方百計、軟硬兼施，讓國會先通過《大總統選舉法》，先選總統，再定《憲法》。

10 月 6 日是選舉總統的日子。早上，兩院議員正準備開始選舉，國會就被「公民團」圍得水洩不通。他們堵斷交流，禁止國會人員近處，還搖旗吶喊。所謂的「公民團」，雖然穿著便裝，但組織有序，加上異口同聲地高呼，要國會選出他們「滿意」的總統。不達目的、誓不罷休，也就是選出來的總統讓他們「不滿意」，就不讓議員們離開。軍警們都不加干涉。當然，這樣的鬧劇是最大受益者袁世凱安排的，也只有控制北京軍隊的袁世凱有能力這麼做。

這種類似逼宮的手法，袁世凱在對付隆裕皇太后和宣統小皇帝時就用過。如今提出「公民團」的概念，算是與時俱進，用了時髦詞彙。之後，袁世凱等人樂此不疲，復辟的時候還做過各種「請願團」、「公民團」，包括乞丐、妓女都「自發」組織起來，擁戴袁世凱稱帝。在他看來，這可能就是民主，是可以操縱的民主。其實，它只是「強姦」民意。可嘆的是，直到民國末期，多數當權者對「民意」的理解，還停留在袁世凱的層面上。

議員們對袁世凱的把戲也產生了反抗心理，投票後袁世凱雖然得票最多，卻沒有達到法定的四分之三多數，無法當選總統。「公民團」聞訊，叫囂得更厲害了。經過幾個小時磋商後，國會進行第二輪投票，袁世凱還是沒有達到法定多數。「公民團」堵上門來，叫嚷：「今天不選出總統，我們跟你沒完！」當時天色已晚，議員們滴水未進，又飢又渴。

有議員家人來送飯，都被「公民團」攔截、驅趕回去。議員們只好進行第三輪投票，袁世凱終於如願以償當上了總統。「公民團」滿意了、高興了，但並沒有一哄而散，而是整齊地撤離。據說有人還高呼「回去吃席」。議員們則狼狽地各回各家，當時已經是晚上 10 點了。

北洋政府的最後一屆總統曹錕，全天下人都知道是用錢賄選當上的。曹錕賄選，手法拙劣，惹人笑話。當時的《北京報》就詳細報導了賄選新聞：

諺云「有錢能使鬼推磨」，矧在「見金夫，不有躬」之議員，派人南下拉人，又加以蘇督之協助，當然議員多有北上者。票價名為 5,000元，然實為起碼數，有 8,000 者，有 1 萬者，所簽支票，自邵瑞彭舉發之大有銀行以外，有鹽業、有勸業，並聞有特別者則為匯業麥加利之支票。所簽之字，潔記（邊潔卿）以外，尚有蘭記（王蘭亭）、秋記（吳秋舫）、效記（王效伯）等。本月二三兩日，頗有議員持票至銀行對照者，然自邵瑞彭舉發，而三四兩日之夜，甘石橋（賄選的總辦事處）大著忙，將前發支票收回，另換其他式樣之票，以不示人、不漏洩為條件，且聞已書明日期。至於昨日上午，直派議員四出拉人，亦有付現者，又有 5,000 元以外增價者，並聞對於前拆臺而昨出席之議員，許以投票自由，票價照付。而兩院員役，由祕書長以至打掃夫，各另給薪工兩月，由吳景濂發出，共 8 萬元，以為犒賞，此賄選之大概情形也。

起碼有 480 名參會議員收受曹錕的賄賂。原則上 5,000 元一票，實際操作中，根據議員地位和作用的不同，「開價」也不相同。多的超過 1萬元，低的還不足 2,000 元。少數議員不在乎金錢，直系就成立議員俱樂部，拉攏議員吃喝玩樂，用官職代替金錢行賄。結果一些議員在金錢和官職之間搖擺，既有已經收了錢的，跑來退錢要官；也有已經當了官的，跑來退官要錢。曹錕等人聽之任之，一共為賄選花費 1,356 萬元。

賄賂是在 10 月 1 日以支票形式發放的，為此還引起軒然大波。有議員懷疑曹錕開的是空頭支票，萬一曹家在銀行沒有這麼多錢怎麼辦？直系專門派人拉著議員去銀行看曹錕的戶頭金額，又帶他們去參觀曹錕的產業，這才平息了議員們的懷疑。還有一些議員糾結於支票是即期還是遠期，出票人是誰，支付銀行是哪家等問題，爭吵不休。

有正直的議員，主動出來揭露曹錕的醜行。浙籍議員邵瑞彭，假意接受賄賂後，在大選前將拿到的 5,000 元支票照相製版公布，並向北京地方檢察廳檢舉高凌霨、王毓芝、邊守敬、吳景濂行賄，控告曹錕「騷擾京師，詡戴洪憲」、「遙制中樞、連結疆吏」、「不自斂抑，妄希尊位」、「勾通軍警、驅逐元首」、「收買議員，破壞制憲」、「多方搜括、籌集選費」等諸項大罪。選舉尚未開始，輿論已經大譁。

1923 年 10 月 5 日，還是被迫選舉袁世凱為總統的第一屆國會，開始選舉新總統。原定上午 10 點舉行的選舉，到了下午 1 點 20 分，因為沒有湊足投票的法定人數，遲遲不能開幕。不少議員不願意出賣自己，用各種方式抵制選舉。曹錕則鐵了心要過過當總統的癮，下令手下官兵施展一切手段，到處拉人頭湊數。

部分議員不願違心投票，又不堪其擾，只希望能逃出北京、躲過一劫。北京的東西車站和各交通出口，都游弋著軍警。軍警們事先已經熟悉議員特徵外貌，發現有出逃議員，便衣都上前揪住吵鬧，大聲誣賴議員逃債或者宣稱雙方有仇，接著軍警過來干涉，以帶回警局盤問為名，直接把議員押回國會總統選舉現場。

同時，議員俱樂部向不願意投票給曹錕的議員承諾，只要列席會議，就能領取 5,000 元，選不選曹錕都沒有關係。這一招很管用，當即有十餘名議員趕到國會，準備投票賺錢。即便如此，還是缺人。議員俱樂部就到醫院把那些真的臥病在床的議員抬到國會，又發動議員的妻妾

友人「陪送」幾十個議員趕到國會，總算是讓議員人數大增。此時的國會內已經人聲鼎沸，許多等了大半天、急著投完票向曹錕拿錢的議員，強烈要求抓緊投票。偏偏在這時，有一個蒙古議員指認在場的一位蒙古席位參議員和另一位蒙古席位的眾議員並非真身，是冒牌貨。隨即，各有一名山西和江西議員被指出濫竽充數。負責議員身分確認和簽到的「簽到處」職員萬分緊張，趕緊護住「簽到處」，不讓其他人靠近。而一些擁護曹錕的議員，環繞簇擁著「簽到處」，也不讓外人靠近。所謂的「簽到簿」，散會後馬上被密封，嚴戒相關職員不得洩漏情況。所以，10 月 5 日到底有幾個議員參加總統選舉，其中又有幾個是貨真價實的議員，外人不得而知。國會公布的情況是：簽到參議員 152 人、眾議員 441 人，共 593 人，實際出席 585 人，超過法定出席人數（583 人）兩人。總統選舉可以進行！

據說大選當日，曹錕親臨現場督選。他走到國民黨議員呂復跟前，發現他沒有選自己，心急得竟然附耳輕語：「為何不選曹某？」呂復馬上指著曹錕怒喝道：「你要是能當總統，天下人都能當總統了。你要是當了總統，總統也就不是總統了。」說罷，情緒激動的他，還拿起桌上的硯臺擲去。一場風波過後，曹錕公然引導議員們說：「誰又有名又有錢，誰就可以當總統。」人群中馬上有人提議：「大帥，梅蘭芳既有名又有錢，我看可以當總統。」引來哄堂大笑。

下午 4 時，投票完畢，當眾開票。結果總票數為 590 票，曹錕得 480 票，以絕對優勢當選。其他得票情況是孫中山 33 票，唐繼堯 20 票，岑春煊 8 票，段祺瑞 7 票，吳佩孚 5 票，王家襄、陳炯明、陸榮廷各 2 票，吳景濂、張紹曾、張作霖、陳遐齡、唐紹儀、汪精衛、王士珍、谷鍾秀、譚延闓、盧永祥、李烈鈞、姚桐豫、胡景翼、歐陽武、陳三立、嚴修、高錫、符霈升、孫美瑤各 1 票，另有「五千元」1 票，「三立齋」

3 票，廢票若干。

這就是近代史上著名的曹錕賄選醜聞，丟臉都丟到國外去了，歐洲和美國各大報紙都刊登了中國的選舉新聞，而且都熱心詳細描繪賄選黑幕。

賄選固然令人痛心，不過獨霸中原的曹錕推翻國會易如反掌，自我加冕為總統也未嘗不可，為什麼還要如此麻煩地「買」一個總統？曹錕的部下王坦就說：「花錢買總統當，比要了錢得貪汙之名的人強多了，也比拿槍命令選舉的人強多了。」此話道出了曹錕和多數軍閥對選舉，對議會政治的看法。曹錕雖然不懂民主，起碼他心目中還有總統，還有國會，對民主仍存一絲敬畏之心。

事實上，曹錕賄選不是個人行為，而是軍閥集團支持的集體行為──他們都向曹錕湊「分子錢」，有人還忙前忙後張羅選票。直隸省長王承斌替他籌集了大量經費。王承斌逮捕境內製毒、販毒的奸商，勒令他們以錢贖身，斂財數百萬，又向直隸 170 個縣強迫性借款數百萬元，全部用來曹錕賄選。各省督軍、省長也多有「報效」，數目最多的為山西督軍閻錫山、湖北督軍蕭耀南、江蘇督軍齊燮元，每人 50 萬元。在他們看來，議會和民主是需要的，但是是可以操作的；總統職位是神聖的，但是是可以購買的。這不是軍閥集團單個群體的認知悲哀，而是代表當時中國社會的總體認知缺失。

1948：「副總統」選戰

1948 年的總統選舉，不存在逼選，更不存在賄選。國民黨的控制能力，將「國民大會」幾乎變成黨代會，「總統」自然非國民黨員不可。而在國民黨內，根本沒有人敢和蔣中正競爭，也沒能力競爭。最終，蔣中

正以 88.9% 的得票率擊敗得票 9.8% 的國民黨元老居正，毫無懸念地當選「總統」。

大家都沒有和蔣中正競爭「總統」的實力和勇氣，又沒有居正那樣「陪太子讀書」的瀟灑和超脫，就都聚焦在「副總統」選舉上。其時一共有 6 個人競爭「副總統」職位，分別是行政院長孫科、北平行轅主任李宗仁、武漢行轅主任程潛、社會賢達莫德惠、監察院長于右任和民社黨的徐傅霖。

其中李宗仁最先表露競選意向，「國大」還沒開幕就早早發表了競選談話。他最大的優勢在於他是桂系首領，掌握和影響著數十萬軍隊，控制幾個省的地盤。而這恰恰是蔣中正提防他的地方，很不願意他當選副總統，於是支持孫科出來競選「副總統」。遺憾的是，孫科看不上「副總統」的職位，認為那完全是個可有可無的虛職，相反，他正在四處打點競選立法院院長。於是蔣中正親自做孫科的工作，表示承擔全部競選費用，而且許諾副總統可以兼任立法院院長——《憲法》並未允許「副總統」可兼任立法院院長。孫科這才宣布競選，迅速得到國民黨黨務系統和廣東勢力的支持。

激烈的拉票活動開始了。李宗仁、孫科分別包下南京安樂酒家、龍門酒家，大宴各省「國大代表」。凡佩戴代表徽章的人，進入酒家一律免費招待。短短幾天，李宗仁花費的招待費用超過黃金 1 萬兩。程潛、于右任、莫德惠、徐傅霖 4 人沒有那麼多錢，也勒緊褲帶，宴請各省頭面人物拉票。于右任是著名書法家，就寫了許多「為萬世開太平」的條幅贈送各位代表。

4 月 3 日，蔣中正召見李宗仁，勸說李宗仁退出競選。蔣中正的理由是：國民黨中央支持孫科，不支持李宗仁。李宗仁表示絕不退出，他在《李宗仁回憶錄》中，記錄兩人之間劍拔弩張的對話：

　　蔣先生說：「你還是自動放棄的好，你必須放棄。」

　　我沉默片刻說道：「委員長，這事很難辦呀！」

　　蔣先生說：「我是不支持你的。我不支持你，你還選得到？」

　　這話使我惱火了，便說：「這倒很難說！」

　　「你一定選不到。」蔣先生似乎也動氣了。

　　「你看吧！」我又不客氣地反駁他說，「我可能選得到！」

　　為了支持孫科、打擊李宗仁，蔣中正不遺餘力地助選。除了提供資金，國民黨黨務系統還四處做代表工作，抬高孫科。這就把同為國民黨員的候選人程潛、于右任推到了李宗仁一邊。李宗仁、程潛和于右任結成聯盟，進而得到國民黨內對蔣中正不滿、對黨務系統不滿勢力的支持。蔣中正召開國民黨中常會臨時全會，本想提議「副總統」候選人由黨中央提名，結果遭到聯合抵制，改為黨內聯署提名候選人。

　　4 月 23 日，「副總統」選舉開始。李宗仁得 754 票、孫科 559 票、程潛 522 票、于右任 493 票、莫德惠 218 票、徐傅霖 214 票。由於無人得票過半，得票靠前的李宗仁、孫科和程潛進入第二輪投票，其餘 3 人被淘汰。當天，南京《救國日報》披露了孫科私生活醜聞。張發奎、薛岳等廣東勢力，率領 60 多名代表，分乘兩輛國大專車，湧入報社打砸，毀壞所有門窗、家具和文具，還打傷報社工作人員多人；接著又衝到報社的印刷所，再次打砸。最後，《救國日報》社社長龔德柏拔出手槍守住樓梯口，聲稱有人膽敢上樓，他就和他同歸於盡。對方隔著樓梯對罵後，廣東勢力恨恨離去。

　　24 日，「副總統」選舉舉行第二輪投票。李宗仁得 1,163 票，孫科 945 票，程潛 616 票，還是沒有人過半數。三人需要進入第三輪投票。當天，蔣中正示意程潛退選，要他勸說支持者將票投給孫科。作為補償，蔣中正承諾支付程潛全部競選費用。程潛不僅表示拒絕，還在第二

天（25 日）和李宗仁在南京各報發表聲明，揭露國民黨當局破壞民主，操縱選舉，聲明退出競選。李、程棄選，迫使孫科也只能退出競選，「國民大會」不得不休會。

幕後活動被曝光到臺前，李宗仁和程潛得到了輿論的支持，整個選舉本身遭到質疑，蔣中正在 26 日發表聲明，強調絕對沒有控制選舉，並親自動員李宗仁復出。國民黨中常會和「國民大會」主席團也先後派員「勸請三位副總統候選人繼續競選」。李宗仁、程潛和孫科這才重回競選場。

4 月 28 日，「副總統」選舉舉行第三輪投票。李宗仁得 1,156 票，孫科 1,040 票，程潛 515 票，還是無人得票超過半數。程潛由於得票過少，退出競選。當天晚上，李宗仁、孫科分別宴請原擁護程潛的湖南、湖北代表，爭取關鍵性的中間選票。報紙戲稱為「兩廣決戰，爭取兩湖」（李宗仁和孫科分別是廣西、廣東人）。在此關鍵時刻，程潛支持李宗仁，加上出於對蔣中正的反感，兩湖的代表多數轉向支持李宗仁。

29 日，「副總統」選舉進行第四輪投票。9 時開始投票，11 時結束，開始唱票。每唱孫科的票，孫科一派的代表就鼓掌；唱到李宗仁的票，李宗仁一派的代表也響起一陣掌聲。起初，孫、李二人票數相差不多，漸漸的，李宗仁拉開了和孫科的票數。唱到李宗仁 1,400 票時，孫科和他的支持者知道大勢已去，陸續離開了會場。

當天，蔣中正沒有到會場，在官邸收聽電臺的選舉直播。最終，李宗仁以 1,438 票擊敗了得票 1,295 票的孫科，以微弱多數當選副總統。結果一播出，蔣中正一腳踢翻收音機，吩咐立即備車外出。侍從見蔣中正怒氣衝衝，不敢問前往哪裡，就將車從官邸開出，駛向中山陵；還沒到陵園，蔣中正又吩咐返回官邸；回到官邸，蔣中正又吩咐外出，侍從只好再開向陵園；中途，蔣中正又命令汽車調頭駛往湯山。他被選舉結

果打暈了。

　　既要選舉，又要選舉的結果完全符合心意，天底下哪有這種好事？可像蔣中正這樣的獨裁者，卻都抱著這樣的幻想。

沒有舞弊，不成選舉

　　民主不能杜絕選舉舞弊。在缺乏民主氛圍、制度又不跟上的民國，舞弊更是選舉的一大特色。

　　決定選舉成敗的，就是支持自己的選票有多少，因此拉票就成為候選人的必修課。可選舉到底是「民主」的玩意，不能像「國軍」徵兵那樣，看到壯丁拿根繩子，一拴就是，只能「軟拉」。其中最直接、最誘人的方法，就是「買票」。士紳、宗族首領在鄉鎮的影響力尚在，軍閥和政府很喜歡賄賂他們，請他們出面組織投票。其中有不少士紳、宗族首領，把賄賂款項落入自己腰包，同時也有許多人將這筆錢拿出來作為社區、宗族的公益金。

　　而在大城市，買票的難度要大得多。候選人要面對數以萬計沒有組織的個體選民。第二屆「國大」選舉時，南京的選票價格就從一萬、兩萬逐步提高，最多有出五萬一張的。當時法幣貶值嚴重，很多人對法幣不信任。於是又出現「選票換麵條」的誘惑，麵條也從素麵、肉絲麵，逐漸變成四喜麵。但是一般的紳士和太太、小姐們，對大冷天的出去領一碗麵沒有興趣，商人、公務員們對這點區區的「民主禮物」也看不上，於是拉票的目標就集中在棚戶區的貧民身上了。

　　南京的貧民們破衣爛衫，身上臭味熏天，放在平時競選的老爺們避猶不及，現在「民主選舉」把兩者連結在了一起。在棚戶區，有人來「訪問」，有人來「邀宴」，有人來「徵詢意見」，貧民們頓時紅得發紫。

於是在投票當日，投票所前多是些身上拖一片、掛一片的老太婆、誰的媽媽、爹爹之流，在雪地裡一滑一跌地向前挪步。這些選民中的中流砥柱，不但不識字，連看到筆都發抖，可憐他們在劃圈圈的時候，越想劃得像樣一點，手卻抖得越屬害，圈歪的、圈橫的、圈成尖角的都有。

這屆「國大」選舉中，針對黨派提名候選人的選舉規則，再加上國民政府要求保證民社黨和青年黨的代表名額，所以加入這兩個小黨無疑大大降低了難度。在沒有上述兩黨組織的地方突擊發展組織，以兩黨名義參選，就成為一些人的終南捷徑。藉著選舉春風，民社黨和青年黨的地方組織迅速發展蔓延。某些人不問黨章政見，爭先加入兩黨組織。四川第二行政督察專員兼保安司令公署曾密令所轄各縣：「特密，國大立委選期將屆，青年、民社兩黨為競選，紛向各地吸收黨員，難免共及漢奸歹徒乘機滲入，仰飭屬確切注意，如有上項情事，務須據實詳報核辦。」這則小史料，讓我們看到民社黨和青年黨在一些地區發展黨組織，幾乎到了來者不拒的荒唐地步。

選舉結束，許多地方新興的民社黨、青年黨組織頓時煙消雲散。民社黨和青年黨只是兩塊用來選舉的牌子，選後落選者自然棄之不用，當選者忙著耍威風、準備赴任，也沒時間理他們了。

湖北宜昌縣的「國大代表」選舉主要在縣參議會議長龍匯東、縣黨部書記長陳家誥和縣簡易師範校長魏金聲三個候選人之間進行。龍匯東62歲，資歷最深，在宜昌耕耘多年；陳家誥33歲，是宜昌政界的少壯派人物；魏金聲50歲，教了20多年書，學生遍布宜昌各地。三人可謂各有優劣，在私底下都做了不少工作。到了唱票的那一天，結果讓人大吃一驚。當選者既不是龍匯東，也不是魏金聲或陳家誥，而是根本沒有參加競選的全敬存！

原來，在投票前一天，湖北省打給宜昌縣長一通緊急電話，要求宜

昌縣的代表必須由青年黨黨員出任。宜昌縣沒有青年黨組織，只有屈指可數的幾個青年黨員。其中的一個黨員全敬存年逾花甲，相比其他黨員最適合擔任代表。當時，宜昌縣各鄉鎮已經開始大量填寫選舉龍匯東的選票，就等著第二天時間一到，就塞到票箱裡了。沒辦法，縣長緊急召集城區 4 個鎮的鎮長和附近幾個鄉的鄉長祕密會議，布置「改票」，把「龍匯東」改成「全敬存」。於是，第二天，全敬存在不知情的狀態下，以最高票當選「國大代表」。而全敬存都 60 多歲了，怎麼加入「青年」黨呢？他對青年黨的思想、理念根本不理解，之前也是很偶然地被一個好友拉進了青年黨。

拉票勞神勞錢，組黨更是麻煩得很。一些人乾脆在選舉之日霸占投票站，讓安排好的選民反覆投票，直到投到雙手抽筋為止。二屆國大選舉時，南京國民政府新聞局長董顯光率工作人員到南京各投票場調查，他在報告中寫道：「少數不法之徒……事前大量蒐集選舉證，甚至……竟將選舉權證扣留不發，待投票時利用中小學生，輪流投票，常有一人投票至十次以上者。」「當日大行宮、火瓦巷、中華路等投票所幾全為市立第一、第二女中學生所包辦，二條巷投票所竟有某報記者夏某，臨時僱傭貧苦婦女二十餘人，輪流投票，每次給錢若干。」一個觀察 1947 年選舉的外國記者說：「我真想加入中國籍，在我那個鬼地方，最長壽的人也絕沒有這麼多投票的機會呀！」

要說投入低、效果好、效率高，要屬「集體投票」行為。一些掌握政治實權的人，命令下屬、軍隊、學生等集體投票，投指定候選人的票。因為有上下級或利害關係，受到脅迫的人不得不照辦。這種舞弊方法，最受各級別、各部門長官的喜歡。比如廣東人劉維熾參選上海市區「國大代表」。同鄉、國民黨整編第一五二旅旅長雷秀民正好帶領部下官兵約 2,000 人駐防上海遠郊的南匯縣。

他們既無上海市戶籍，又不駐防在上海市區範圍內，按規定是不能參加上海市區代表投票的。然而，劉、雷等人串通上海市區選務負責人，把南匯縣列入上海市選區之內，又將第一五二旅 2,000 名官兵登記為上海市區選民。雷秀民拿到選民證和選票後，先安排事先寫好選票（全部投劉維熾），然後派副官代表全體官兵去投票（實際上是「交票」）。結果劉維熾當選。因此，1947 年出現成建制的軍隊、整個學校的學生，排著整齊的隊伍走進投票站，投給特定候選人的現象，一點都不奇怪。

「國大」選舉時，有些地方壓根就沒有舉行投票。而是有人炮製出選民冊，然後照數領取選票，接著安排兩三個人關在小黑屋裡「寫票」。這樣的安排，當地政府完全可以控制選舉過程，想達到多少投票率，就有多少投票率，想讓哪個候選人勝出、哪個候選人慘敗、哪個候選人得幾票等細節，都能夠實現。有的時候，寫票的人成千上萬遍地寫同一個人的名字，難免無聊鬱悶，難免思想鬱悶，於是信筆把票「投」給一些名人：黃帝、曹操、李蓮英、汪精衛、王小二、李老漢……等。不過沒關係，反正這些選票幾乎沒有可能公之於世，政府只會在東窗事發後，迫於壓力，才拿它們出來作為本次選舉「公正、公平、公開」的證物。

在第二屆「國大」當選代表中，有不是本地人的，有冒名頂替的，有文憑造假的，有剛剛接受監獄改造的，有給皇帝磕過頭、給日本人辦過事的，有把代表理解為當官的，也有壓根不知道自己是什麼代表的。

需要指出的是，議會民主也好，選舉也罷，和老百姓的關係不大。普通老百姓漠不關心，沒有行使過「民主權利」的人，數不勝數。

民主是高高在上的月亮、明日的鮮花，沒有解決中國的任何問題。中國老百姓最重實際，在這炮火連天、飢寒交迫的時刻，一心想著解決眼前的困難。

社會

南京國民政府熱火朝天操辦「國大」的時候，正是內戰最激烈、國統區老百姓生活困頓的時候。南京城內，逃兵災的蘇北難民，最要緊的是當天的糧囤稀飯；安居的善良百姓，只希望內戰抽丁不要輪到他的頭上；首都的窮公務員，最關心的是冬天的寒衣；買賣人只希望少惹麻煩，進一步也希望能顧血本；想得遠一點的人，則希望內戰能夠停止。「國民大會」理應是為國民謀福祉、為國民呼籲的大會，卻成為「擾民工程」。南京的各級政府在大會舉辦的幾個月前就活動起來。首先出動的是大批軍警憲兵，挨家嚴密地清查戶口，凡是沒有身分證的、沒有正當職業的、行跡「可疑」的，一律有被「帶走」的危險。接著是街頭盤問，拆掉「有礙觀瞻」的貧戶住宅以「整肅市容」，凡是衣冠不整、類似乞丐的貧民，頓失《憲法》保障，被身不由己地捉到警察局裡，然後拖泥帶水地用卡車送去「享福」。

清理街道工作的最大受害者是南京的小商小販們。他們一日三餐和一家人的吃穿都要靠四處奔波，一聲聲吆喝得來。可據說開會期間，小商小販的生計是和首都市容有妨礙的。不但妨礙首都市容，而且有礙諸位代表大人的眼。於是，警察賣力地驅趕小商小販。除非某些穿戴得衣冠楚楚、西裝領帶的中國小商小販，在街頭從容優雅、柔聲細語地賣蘿蔔、白菜，才可能不被警察帶走。既然警察要「整肅市容」，小商小販們只好和警察玩「捉迷藏」遊戲。最難看的是，警察專門奪商販們的秤，連同他們的籮筐貨物，一起帶到警察局去。

1948 年元旦前後，點綴在街頭國旗和牌坊之間的，是冬令救濟聯合廣播車呼籲南京市民向難民捐款的聲音，婉轉淒涼。

凡此種種，無不說明所謂的「民主」、所謂的「國民大會」，只是少數統治者的工具而已，與老百姓無關。

好不容易熬到 1948 年的冬天，代表們終於來開會了。可市民們搭

不到公車了，因為公共汽車讓給代表乘坐了。市民們只好在路旁呆看無人乘坐的代表專車揚長而來，揚長而去。在代表們經過的馬路旁，憲警荷槍實彈，斷絕行人，被趕到僻靜角落裡「迴避」的市民們，只好自認晦氣。

其實開會對代表們而言，何嘗不是一樁苦差事。辛辛苦苦從千百里之外趕到南京，乾坐在賓館裡，除了機械地點頭外，無事可做。

一位「國大代表」閒得無聊，寫了一首自嘲詩：「吃飽了飯沒事做，來到議場爭國都。運用之妙在一人，別人意見不在乎！」

選舉不等於民主

民國元年（1912 年），宋教仁就熱情呼籲「光天化日下的政客競爭」。但是回應他議會民主夢想的，是冰冷的子彈。整個民國時期，真正的民主都沒有降臨中國。

現代民主是一個龐雜的系統工程，不僅有選舉、有法律、有議會，還離不開社會的民主氛圍和民主勢力的支撐。保皇黨人和革命黨人論戰的時候、訓政擁護者和自由主義者激辯的時候，都堅持認為中國人的民主素養太低，中國社會不具備施行西方民主的基礎，因此不能驟然推行西式民主。這是有一定道理的。

議會民主的基礎是一個活躍的現代社會。不同的人群關心政治，自由表達觀點，組織政黨進行政治活動。民國初期，社會上雖然通電、演講滿天飛，組黨熱潮此起彼伏，熱鬧得很，但都是東施效顰的假象。通電的內容五花八門，許多人以能夠署名「露臉」為榮；政黨千奇百怪，三五好友就能聲明組建政黨，分別擔任主席、總理和主任，玩笑而已。趙秉鈞就曾說：「我本不曉得什麼叫做黨，不過有許多人勸我進黨。統一

社會

黨也送什麼黨證來，共和黨也送什麼黨證來，同盟會也送過來。我也有拆開來看的，也有擱置不理的。我何曾曉得什麼黨來。」歸根究柢，中國尚不具備議會民主的社會基礎。

在民國，中國人參與政治的比例太少，議會民主缺乏依靠力量。孫中山曾環顧左右，革命同志寥寥無幾：「士大夫方醉心功名利祿，唯所稱下流社會，反有三合會之組織，寓反清復明之思想於其中。雖時代湮遠，幾於數典忘祖，然苟與之言，然較縉紳為易入，故余先從聯絡會黨入手。」知識分子醉心仕途，那麼新興的民族資本主義力量，是否可以依靠呢？我們來看一組數據：到 1913 年為止，甲午戰爭後，民族資本工礦業投資估計為 706 家，資本額 11,775.2 萬元。可見，辛亥革命理論上的依靠力量極其薄弱。這其中，占據經濟命脈和優勢地位的還是官僚資本，比如盛宣懷那樣的官商。辛亥革命很大程度上是由一小群知識分子發動，得到立憲派和舊體制內部菁英支持的「低烈度革命」。民國建立後，活躍在政治舞臺上的這群知識分子，始終沒有真正掌控政權。同樣，靠占人口比例極少數的知識分子，是建立不了現代社會的。

與議會孿生的政黨，是建立在不同群體之上的，要求社會出現分化。而民國初年的中國，基本是農業社會，沒有出現群體分化。觀察一個社會分化的重要標誌，是看受教育人群的職業選擇。即便是民主共和的形式已經確立，讀書人依然把讀書視為當官的敲門磚，而不願意去從事「生利之農、工、商」。與之相對應，民初各政黨只能是從政者內部的分化組合而已。

傳統士紳的觀念中，沒有「議會」概念，還頗有「君子不黨」的清高。即便民國建立了，政黨和議會概念始終沒到達他們心底。知識分子還是孜孜不倦擁擠在仕途上，堵在各級行政機關和軍隊中，很少有人去競選議員。「那些入黨的人，大多是想謀得一個官位。當時的中國人，絕

大多數還是士大夫，現代意識還只是停留在理論或口頭上，在行動上只是在尋找當官的門徑。」議員最多被視為是「閒官」，不管錢、不管人，自然沒人去競爭了。

現在看來，民國只是學得西方民主的皮毛，照搬選舉、國會等形式，而沒有相應的社會基礎支撐，成功不了。

民主表象之下，民國政壇奉行的依然是傳統政治的伎倆、手腕和潛規則。

權力，始終是政壇的核心詞彙，是民國政治人物一切行為的目的。「行憲國大」開幕時，蔣中正明確表示不參加總統選舉，而是推薦著名學者胡適出任總統，自己願意出任行政院長。蔣中正為什麼會這麼做呢？原來1946年，《憲法》將國家行政實權賦予行政院，總統沒有實權。習慣大權在握的蔣中正，當然將行政院長看得比空有其名的總統重了。於是，底下一幫人就開始想該如何幫蔣中正克服《憲法》的制約，既握有實權、又能坐上國家元首的寶座。4月5日國民黨召開中央常委會，討論總統候選人問題。張群直言不諱：「並不是總裁不願意當總統，而是依據《憲法》規定，總統是一個虛位元首，所以他不願意處於有職無權的地位。如果常委會能想出一個補救辦法，規定在特定期間，賦予總統緊急處置的權力，他還是會要當總統的。」

於是，國民黨通過張群提出的「賦予總統緊急處理權」的建議，商議出一套辦法。很快，700多名「國大代表」提出「請制定動員戡亂時期臨時條款案」，竟取消了《憲法》對總統權力的限制，賦予總統全面處置、生殺予奪的大權。蔣中正聞訊，不再推薦胡適了，親自出馬競選總統。《憲法》都可以突破，更何況其他？蔣中正和一干「國大代表」連《憲法》都踩在腳下，還會把什麼放在心上？

種種政壇糾紛和衝突，並非取決於對國家利益的理解不同，而是帶

有濃厚的黨同伐異，甚至是個人利益的色彩。選舉和議會形勢，只是給政治人物提供一個新的爭權奪利、爾虞我詐的領域。民國初期著名記者黃遠庸曾報導某省的都督是屬於某黨的，不是他這個黨的人，就不能當官。該都督對下屬進行甄別，不是看人好不好、能不能幹，而是看這個人是屬於哪個黨。某省的都督則下指示說：查某人不是我們黨的人，立即把他的職務撤了。今天在北京加入政黨的人，把黨看成謀取官職的工具，恐怕各個黨都免不了。更有人看不慣政黨的亂象，覺得這樣做下去，就要亡國了。江蘇都督程德全說得一針見血：「近日實無所謂政黨，不過一二沽名之士以黨名為符號，而一般無意識之人從而附和，自命政黨，居之不疑，叩以政見，毫無所有……智識幼稚，如吾國是，則黨派實不應發生太早，由此點思之，吾國至少非有五年或十年之預備，不可言黨也。」袁世凱也對當時形形色色的政黨派系表示憂慮：「無論何種政黨……若仍懷挾陰私，激成意氣，習非勝是，蜚短流長，藐法令若弁髦，以國家為孤注，將使滅亡之禍，於共和時代發生，揆諸經營初造之心，其將何以自解。」

議會沒有成功嵌入中國傳統政治體制中，又解決不了問題，民初社會就對議會民主普遍感到失望。章太炎憤憤地發表宣言說：「政黨已經為天下人鄙棄了，參議院也已成為培養壞蛋的地方。」1913 年年初，河南都督張鎮芳寫信給陸軍總長段祺瑞：「竊謂刻下大局雖在外患，尤在內憂。上海歡迎國會團聞已解散，而意存破壞可慮者甚多。如遷都也，憲法也，用人之同意也，省長之民選也，政黨之內閣也，地方之分權也，假公濟私，爭名奪利，但知運動，不顧危亡。開會前途，可以逆料，非武力解決，恐不能息此風潮。閣下智勇深沉，想有善策，如何計劃，尚祈密示南針。」段祺瑞回信表示認同，認為「黨派競爭，不顧大局，非武力震懾不可，自當密為籌備」。抗戰之後，美式民主的魅力一度高漲，

在中國吸引不少追隨者。民主有回潮、轉暖的跡象，鼓吹之聲再起。但時間很短，很快就淹沒在內戰烽火中了。

以宋教仁案為例，我們可以看到當時奉行什麼政治原則。後人都說袁世凱暗殺宋教仁，但是袁世凱為什麼要用那麼原始、笨拙的手段，冒著觸犯眾怒的巨大政治風險，最後置自己於千夫所指的困境呢？

京師警察總監王治馨曾對國民黨元老張繼說過：「洪述祖南行之先，見總統（袁世凱）一次，說現在國事艱難，總統種種為難，不過二三人反對所致，如能設法剪除，豈不甚好！」袁世凱笑著說：「一面搗亂尚不了，況兩面搗亂乎？」當時袁世凱正被財政問題、列強承認問題、沙俄入侵問題、西藏和外蒙古問題，攪亂到昏天黑地的，政令不通，不想再和革命黨人撕破臉，大戰一場。所以，袁世凱並不想刺殺宋教仁。袁世凱無意，部下卻有心。趙秉鈞也好，洪述祖也好，都是從前清政壇的大染缸走出來的，「權心權意」，學會一身陰招。為了榮華富貴，他們做得出刺殺宋教仁的事情來。宋教仁組織清一色國民黨內閣，第一個失業的就是趙秉鈞；洪述祖年近 60 了，人生還有幾回搏？個人利益讓他們以為刺殺宋教仁就能保持或博取榮華富貴。像他們這樣投機取巧、邀功領賞的宵小，在中國歷史上太多了。

「二次革命」中，刺殺宋教仁的「上海前線指揮」應桂馨越獄逃往青島，年底還公開進京，要向袁世凱邀功領賞，要求「平反」。

他還以為刺殺宋教仁是一件非常「光榮」的事情，幫政府大忙了呢！1914 年 1 月 29 日，人們就在火車上發現了應桂馨的屍體。聽到應桂馨的死訊後，擔任直隸都督的趙秉鈞喃喃自語：「以後誰肯為總統作事？」29 天後（2 月 27 日），趙秉鈞在督署中毒身亡。

洪述祖年紀最大，閱歷最深，一直隱姓埋名，可還是在 1917 年 4 月 30 日被革命黨人在上海誘捕，1918 年 9 月 7 日被公審。當時袁世凱、

趙秉鈞都已經死了。洪述祖在法庭上堅稱沒有授意刺殺宋教仁，更不是袁世凱或趙秉鈞要他做的。他還提到一個細節。案發後，趙秉鈞對他說：「你在京城恐怕毀了。」他心中不甘，求見袁世凱。袁世凱問他，宋教仁到底是什麼人暗殺的？洪述祖說：「還不是我們的人替總統出力！」袁世凱聽了，臉馬上拉了下來。洪述祖見狀，趕緊從總統府跑出來，溜出京城，四處躲藏。

唐德剛在《袁氏當國》中這麼評價趙秉鈞在宋教仁案中的作用：「1913年初春，在宋氏旅行講演風頭正健之時，袁即連電召宋來京磋商要政。袁的本意或許就是試『重用之』，不成，再『除之』。可是內閣總理趙秉鈞對這個最大的政敵，就是欲先除之而後快了，他或許得了袁的逼不得已時就『除之』的默許，迫不及待地便悍然提早「除之」了。殺宋之後，風波鬧大了，袁可能認為趙之悍然殺宋，為的只是保持相位的一己私利，而攪亂袁對整個大局的布置。趙之殺宋，不是體諒領袖苦心，而是投機取巧，為保持自己總理的位置，不顧主子的困難，而悍然為之，這就不能饒恕了。因此後來趙也就不得好死了。」政壇中人如果都是趙秉鈞、洪述祖之流，民主觀念能深入多少，可想而知。

最後用一則民國末期的新聞，頗能說明當時議會民主的真實情境：

1947年12月25日，安徽無為縣參議員41人逃難來到南京。無為縣參議會議長盧瑞麟、副議長許岱冰及參議員范嘯谷等人，在30日午後在南京社會服務處舉行記者招待會，稱：安徽無為縣縣長李健文，縱屬營私舞弊，違法殃民，經縣參議會建議徹查縣長，並要求縣政府精簡機構、公開帳目，引起李某報復，用對付「奸匪」的辦法對付參議員，唆使士兵對參議員肆意謾罵，還將參議會會牌插入糞坑。參議員們將牌匾從糞坑中撈出重新掛上，但是已經臭氣四溢，難以近前了。無為縣縣政府軍事科長兼城防副司令孫立定對士兵公開宣布，每晚戒嚴鐘聲響過

後，普通行人詢問後可以放行，如果遇到參議員，可以不問情由，一律捆綁入獄。最終，該縣參議員為「保全性命起見」，暗自出逃，趕往安徽省政府請願，碰釘子後集體逃到南京，一為避禍，一為撕破臉，把事情鬧大。

江湖社會：灰色行業和地下秩序

民國初期，河南許縣知事下鄉勸告紳民不要勾結紅槍會。紳民反向知事質問：「要叫我們不信紅會很容易，只要地方不見土匪，軍隊不擾亂，官府不派苛捐雜稅，完糧納稅收用紙幣，便可不奉紅會。」此話一針見血地指出紅槍會等地下組織存在的社會基礎：官府主導的正常社會秩序失常了，人們被迫進入地下社會自保、生活。一個例證就是：像紅槍會這樣的鄉間組織，成員鬆散，大致是收成較好、社會秩序相對安定的時候，成員就相對少；兵荒馬亂、旱澇無收的時候，參加者就大為增加。

我們看民國的灰色行業和地下社會，可以看到民國正常面相之下的另一番場景，對民國社會有另一個角度的了解。正如魯迅先生在〈故鄉〉中描述的，傳統農民在自然經濟解體、列強入侵、兵匪騷擾、自然災難的多重打擊下，日益破敗，失業破產者和無業游民大量增加，「這些不堪一擊的人們——從農村日工、苦力、游民、乞丐，最後直到土匪——都很容易成為社會公害的犧牲品，因此鴉片、賭博和賣淫盛行。但是，城鄉貧民也向祕密會社和民眾運動提供很容易被動員起來的後備軍」。「在19 世紀後半期，抱有政治和社會宗旨的會黨，超過只有宗教性質的教門，這似乎與失業游民和社會的被遺棄者人數增加直接相關，因為會黨對他們提供了保護和支持。」（費正清《劍橋中國晚清史》下卷）人們既沒有任何社會保障，又遭受正常秩序的隨意壓迫。發展無望，政府職能缺失，他們便流入地下社會生存和發展。加入幫會就是他們的主要形式。

一些在正常社會秩序中混得不錯的群體，比如中產階級，甚至一些有身分、有地位的人，也熱心幫會組織。對於衣食無憂的他們來說，參與幫會活動主要是為了「不怕流氓敲竹槓」、「跑碼頭可以吃得開」、「借

幫會為號召，加強勢力」、「得到安全保障」、「多軋幾個有錢有勢的朋友，在業務上得到便利」等。這些考慮，背後隱藏著的也是一種政府缺位。

拜亂世所賜，民國地下社會發達。幫會的反正統、非政府性質，讓它一直祕密存在，在歷朝歷代受到猜忌提防。而近代地下社會開始公開化，開花結果，繁盛得很。在地下社會這個面相中，我們就來看看民國的灰色行業、幫派組織，以及由他們組成的灰色秩序。這裡的「灰色」指的是正常之外，卻現實存在、上不了臺面的意思。

鴉片撩動中國人傷心事

民國的頭號灰色行業，是鴉片煙毒業。

「鴉片」這兩個字在中國近代不僅僅代表一種毒品，還是中國近代屈辱落後的代名詞。中國社會進入近代，滑向積貧積弱的深淵，與鴉片有莫大的關係。1840 年，英國就是藉口鴉片損失，發動了侵略戰爭，打開中國的國門。之後，中國的志士仁人和一般百姓，對鴉片深惡痛絕，在情感上將它視為導致中國近代貧弱、人民屈辱的一大罪魁禍首。鴉片貿易在中國禁而不絕，反而漸漸氾濫成災，它成為撩動中國人民內心傷心事的敏感話題。

當中國進入民國的時候，鴉片似乎不再是困擾中國的一大問題。在1912 年萬國禁煙會議上，國際社會承諾採取必要措施，禁止向中國走私鴉片，並關閉外國租界內的所有銷售和吸食鴉片店鋪。中國政府也制定嚴禁鴉片和收繳銷毀的期限，頒布種種措施。但是進入民國沒幾年，鴉片非但沒有禁絕，反而比清朝末期更呈現氾濫的趨勢。

為什麼鴉片在中國禁而不絕？因為其中有利可圖，鴉片同時還是金錢的代名詞。對商販來說，鴉片買賣利潤豐厚，難以抗拒其誘惑。對普

通農民來說，鴉片比一般農業作物收益高，種植鴉片可以獲得較高的收益。一些地方農民甚至賴此謀生。當然，鴉片禁而不絕的主要原因，還要歸結於政府。政府明禁暗種，對國際社會和一系列的禁煙規定陽奉陰違。鴉片氾濫的板子，應該打在政府的身上，而不應該打在普通百姓的屁股上。

清朝末期和民國初期的歷屆政府內憂外患，有大量用錢的地方，他們都不約而同地將鴉片煙稅收入作為重要的經濟來源，維持自己的武裝，支撐自己的統治。

我們來看看鴉片這種特殊的商品，為什麼能帶給政府暴利。首先，政府可以對鴉片的運輸和銷售抽取多如牛毛的稅、捐。比如，上海市政府曾經規定從每一箱路過上海的鴉片當中，抽取 300 至 1,000 元不等的鴉片稅。而湖南的軍閥、官僚則對鴉片從種植到銷售、吸食的全部環節收取罰金（罰金意味著在法律上對它的否定，同時，交納罰金，就合法了）和煙苗稅、印花稅、護送稅、起運稅、過境稅、落地稅、出售稅、煙燈稅……等。所謂的煙燈稅，指的是每個鴉片吸食的場所，每桿煙燈每晚要交納從一兩毛到一兩塊不等的稅金。此外，湖南軍閥、官僚還收取附加費，比如各地徵收的城市建設、市政、衛生、教育和慈善等方面的附加費。這樣，鴉片就無異於黃金、白銀等價的寶物，成為地方政府和軍閥籌措行政費用及軍餉的重要財源。在北伐革命大潮中，湖南農民運動興起，普通農民禁絕鴉片的決心很大，農民協會不僅禁吸禁種，而且禁運鴉片。從雲貴等地途經湖南，將鴉片銷往華中及長江中下游地區，是中國鴉片貿易的主要通道。湖南農民協會禁煙以後，這條貿易通道上被攔截銷毀的鴉片不少，與之相關的各地政府的財政收入大為減少。最後各地政府，乃至北伐軍，為了照顧軍隊的軍餉和戰費，下令湖南的各級農會暫緩禁運鴉片。這個例子可以說明為什麼鴉片在中國禁而

不絕了。

民國時期的各屆、各級政府，對鴉片問題採取兩面手法：一方面在臺上，他們高喊禁煙的口號；另一方面他們在積極地鼓勵、甚至是參與種植、製販鴉片。比如，北伐勝利後，1928 年湖南省政府主席魯滌平宣布湖南省「絕對禁煙」，並且制定四個半月內，在湖南全境禁絕鴉片的計畫。但過了四年，到 1932 年何鍵擔任湖南省政府主席時，省政府還在宣布要徹底禁吸、禁絕鴉片。何鍵的布告比魯滌平的更加嚴厲，他規定從 1937 年起，凡是在湖南省境內製造、運輸、販賣、吸食鴉片者，一律槍斃。為此，湖南省政府還成立禁煙委員會，在長沙煞有其事地召開紀念林則徐虎門銷煙拒毒大會，當眾焚燒一部分收繳的煙具。可恰恰是歷屆政府都高喊禁煙口號的湖南，是民國時期鴉片煙毒氾濫的重災區。以湘西為例，湘西龍山縣洗車河街僅有 500 多戶居民，竟然有煙館二十多家，每天上繳煙燈稅的煙燈有 1,700 餘桿。統治湘西的軍閥、「湘西王」陳渠珍指令各縣農民種植鴉片，拒絕不種鴉片的農民要徵收所謂的懶稅、懶捐。龍山縣在縣城和農村的一些城鎮設立土膏站，規定出售煙土的人要先交印花稅，吸食鴉片的人要先交煙燈稅，有勞力而不種鴉片的人，要抽取懶稅。

於是在明暗兩套系統和規則下，民國時期的禁煙就變成這幅場景：1944 年 10 月，湘西龍山縣縣長魏逸群發布禁煙布告，寫明：「本年全縣田埠不准有一株鴉片煙苗出現，如有故犯，一經查絕，無論情節輕重、株數多寡，一律處以死刑。」魏逸群還一再聲明，本縣長言出法隨，絕不姑息。表面看來，龍山縣政府決心很大，其實是掩耳盜鈴、應付上級。暗中，縣政府一直在慫恿百姓種植鴉片。等鴉片煙苗出土以後，縣政府派人下鄉實地查點株數，計算面積，登記在冊。他們把登記在冊的做法取了一個巧妙的名稱，叫做「以罰代禁」。為了推卸責任，縣政府

強迫種植鴉片的農民出具「小民無知，偷種鴉片煙×× 株，甘願接受懲罰，保證今後不種」的字據。如遇上面有人檢查，能瞞得過去就瞞，實在瞞不過去，他們就拉出幾個貧苦農民來嚴懲不貸。而那個聲稱言出必行、禁絕鴉片的龍山縣長魏逸群，在龍山縣禁了三年鴉片，解職回家時，僅上等煙土就運走了好幾擔。

在十里洋場的上海，煙毒的氾濫主要展現在走私鴉片上。內地的鴉片多為「國產」，而沿海的則多為「進口」。大批中東和南亞的鴉片，透過上海流入中國內地，歷屆上海政府勾結租界及青紅幫勢力，對鴉片運輸進行保護。比如在一紙 1923 年當局與鴉片走私銷售商簽訂的合約中規定，國產鴉片上海市政府每箱抽取 400 元，土耳其鴉片每箱抽取 1,000 元，印度鴉片每箱抽取 1,400 元的「保護費」。此外，運送鴉片的船隻還要以登陸費的名義向上海駐軍繳納保護費、向緝私水警繳納保護費。設立在上海租界境內的聚豐公司，是官商勾結販運走私鴉片的據點。1923 年《北華捷報》估計，聚豐公司一年最低的利潤也有近 3,000 萬元，其他資料顯示，這家公司成立第一年獲利至少在 5,600 萬元以上，這筆巨額利潤當中的相當一部分，被用作支付皖系軍閥盧永祥的部隊購買裝備，以及為皖系安福政權提供政治經費。我們就可想而知，為什麼上海地區的鴉片走私和貿易禁而不絕了。

鴉片走私貿易在中國氾濫到什麼程度呢？1926 年，根據中華國民禁毒會會長唐紹儀的估計，中國每年至少有 10 億元消耗在鴉片之上，這一數值超過了 1929 年上海地區的進出口貿易總額。

正是因為鴉片貿易收入豐厚，各地政府、軍閥、官僚為了爭奪鴉片利益，爆發許多匪夷所思的醜聞。其中，1924 年的九、十月間，皖系軍閥盧永祥和直系軍閥齊燮元在上海地區爆發一場戰爭，戰爭的主要原因是為了爭奪鴉片走私貿易的巨額收入，這場戰爭因此也被外國人戲稱為

「第三次鴉片戰爭」（中國稱之為「江浙戰爭」）。

中國內地一些盛產鴉片及運輸鴉片的省分，則出現官府出面製毒、販毒的行為。那個高聲大喊要嚴禁鴉片的湖南省政府主席何鍵，在 1932 年，一邊派禁煙委員，大抓走私鴉片犯，到處張貼鴉片流毒、危害民生的布告；一邊卻夥同「湘西王」陳渠珍在鳳凰地區祕密成立一家專門製造高級毒品、嗎啡的工廠。這個工廠後來發展成兩個生產廠，兩廠每月各要用掉鴉片煙土約 200 餘石，每廠技工約 10 餘人，都是從上海請來的熟練工人。生產的嗎啡，最初利用郵包銷往全國各地，後來改為水運，成品的嗎啡在湘西裝箱上船，由「湘西王」陳渠珍派部隊護送到常德，然後再交由何鍵的部隊押運，自湖南境內轉銷武漢、上海等地，獲利極豐。

同樣，「山西王」閻錫山在民國初期也大喊禁煙，但到了 30 年代，閻錫山異想天開，思維有了 180 度的大轉彎，他覺得鴉片煙土難以禁絕，與其讓鴉片走私者和銷售商獲利，還不如採取官府壟斷經營，將鴉片銷售走私的利益，由山西省政府獨攬。但閻錫山又要顧忌聲譽、掩人耳目，於是想出一條妙計。他在表面上成立禁煙考核處，同時卻祕密從內蒙古等地大量購進罌粟，批量製造煙土，並取名為「光明」戒菸藥品，還大言不慚地在報紙上宣傳、鼓吹，說研發出一種新的戒鴉片煙癮的特效藥，這種「光明」戒菸藥品能造成退癮的效用。山西各縣專門設立禁煙委員會，負責坐地推銷閻錫山的這種戒菸藥品。實際上，有經驗的煙民一看就知道，所謂的特效藥，本身就是十足的煙品。他們把閻錫山這種戒菸藥品叫「官土」，區別於鴉片私販銷售的「私土」。抗戰勝利後，閻錫山進一步公開製造、出售毒品。他在 1946 年讓官辦企業川至製藥廠生產「鎮定片」。所謂的鎮定片，是以 30% 的大煙片作為原料，配製西藥壓製成片。每盒一百片，售價銀元 1 元，因為能夠批量生產，又銷價

便宜，在山西境內大受歡迎。鴉片流毒到 40 年代，竟然發展到由官府出面公開設置官辦企業製毒、販毒，不能不說是民國社會的一個悲哀！

不過，這些地方軍閥、官僚所公開製銷的毒品，只能在本地區銷售獲利。一旦到了外地，其他地區的官僚、軍閥就不認帳了。比如當時北平、天津和內蒙古地區的政府，就不承認閻錫山的「鎮定片」。攜帶鎮定片赴北平的人，被北平當局查獲，即以攜帶毒品治罪。這也說明所謂的鎮定片完完全全就是毒品。

「湖南王」何鍵在販毒方面頗有天賦，想到用飛機來販運自製的嗎啡。1931 年 5 月，何鍵成立了湖南航空部，任命親信黃飛為少將處長。航空部購買了十多架飛機，最主要的是兩架較大的運輸機，其他都是隱人耳目用的教練機。這兩架運輸機平常的主要作用，就是為何鍵販運毒品和嗎啡。航空處處長黃飛奉何鍵之命，多次開飛機去貴州運送毒品，又曾去過上海、武漢等地銷售嗎啡。1934 年 7 月間，黃飛在漢口被捕，被搜出皮箱內藏有嗎啡 150 包，每包重 10 兩，共計 1,500 兩。在人贓俱獲的情況下，黃飛還故作鎮定，擺出官架子，恐嚇緝毒人員說：「這是何主席運往上海製造西藥的。」可惜的是，何鍵的毒品在湖南能暢銷，但在湖南以外地區就銷售不動了。黃飛販毒案破獲後，轟動了武漢三鎮。消息傳到湖南，何鍵驚恐萬分，立刻派人去武漢、南京等地活動，企圖遮掩過去。但是其他軍閥、官僚妒忌何鍵的巨額鴉片收入，蔣中正又藉機要消除異己，當年 12 月間，黃飛因販毒罪被槍決。

民國時期，鴉片的大規模種植製造，使鴉片的價格大為降低，最後便宜到一般人家都能吸食得起。鴉片吸食成為一種普遍的社會現象，在部分城市、鄉鎮，甚至形成一種吸食鴉片的風氣。一般人家應酬往往選擇在鴉片館進行，商家談生意、官員處理公事，也喜歡一邊吸著鴉片，一邊商議。富裕人家家中常常自備吸食鴉片的全套工具，不少人家還相

互較量各自煙具的豪華精細程度。普通年輕人接觸鴉片的年齡大大降低，一些年輕學生生病以後，竟然有關係密切的同學、朋友勸他吸食鴉片緩解病情。在民國中期，鴉片瀰漫全國各地、各個街頭，煙毒之禍達到頂峰。

在吸食鴉片的重災區四川，川西北地區青壯年幾乎無人不吸食鴉片，一度使該地區軍閥和官僚找不到合適的兵源。貴州、雲南、四川等地的軍閥部隊，被國人稱之為「雙槍將」。這雙槍，一桿槍是步槍，另一桿槍是煙槍。平時巡邏、訓練或打戰時，西南地區的軍隊一手拿著步槍，一手拿著煙槍，場面相當壯觀。敗逃或是被俘的時候，官兵們寧可丟棄步槍，也不願意放下煙槍。對於這種不正常的現象，有的西南軍閥還振振有辭地說：「官兵吸食鴉片可以有助於提高戰鬥力。為什麼能提高戰鬥力呢？首先，官兵在打戰前吸食鴉片，精神亢奮、士氣高漲，衝鋒起來不怕死，勇往直前；其次，在打戰過程中，時間一久，官兵犯了煙癮，為了早點結束戰鬥去吸食鴉片，他們會更加奮不顧身地向前衝鋒，爭取盡快戰勝對手。」這種歪理初聽起來似乎有道理，但不值得一駁。在現實中，正常的、不吸食鴉片的軍隊，遇到雙槍將的軍隊，常常瞄準雙槍將官兵煙癮來犯的週期，在他們躺在煙榻上大吸鴉片時，發動突襲，無往而不勝。

鴉片氾濫還帶動了其他毒品流入中國。二、三十年代以後，鴉片漸漸「落伍」，從海外開始運來所謂的紅丸。紅丸是日本人製造、糅合了鴉片和海洛因、嗎啡等高級毒品的藥丸，吸食起來比傳統的鴉片簡單。它省去煎、煮、吹煙泡等工序，方便、快捷，更容易讓人滿足煙癮，一時間大獲成功。三、四十年代以後，紅丸也開始落伍了。日本人直接向中國輸入海洛因，海洛因在當時稱為白粉，因其形狀酷似麵粉。海洛因的吸食更加方便，人們只要將它放在香菸或煙斗上就能吸食，幾秒鐘之

間，就能飄飄欲仙。在這飄飄欲仙的一吸一吐當中，不知道有多少家庭妻離子散、傾家蕩產，不知道有多少人葬送了遠大前程，在淒寒悲苦當中死去。

貧苦百姓吸食鴉片上癮，對身心損傷特別嚴重。他們沒有足夠的金錢去支撐鴉片消費，於是上海街頭就出現了一些專門從事收集鴉片渣的人，他們將各家各戶已經吸食一、兩遍，甚至三、四遍的鴉片渣收集起來，重新熬製，販賣給買不起正常鴉片的貧苦百姓，貧苦百姓將之再吸三、四遍，人們就稱之為「受七八遭罪」。40 年代，在山西太原市郊區，常常可以看到一些蓬頭垢面、衣衫襤褸的農民，有些只用水泥袋裹腿、麻袋遮身，人們稱之為「麻太君」。這些人在山西城區的壕溝和郊區的溝壑土洞裡三五成群，蜷縮在一起忍凍挨餓，慘狀難以目睹。不用說，這些都是吸毒破產、無家可歸的受害者。鴉片煙毒給民國社會造成的罪惡罄竹難書。一直到新中國成立後，鴉片煙毒才在中國境內被完全連根拔起。

三大「窮」業：糞業、丐幫、典當

在上海灘，無論哪一種物品，都是可以用來交易的，即便是最沒有用的，比如：碎玻璃、碎布頭、舊報紙、蠟燭油……等，一概都有人來收買。就是碎骨頭、亂頭髮，也可以用來以物換物。但只有人們的糞便例外。每天早晨，胡同裡的大媽、阿姨們，就會恭恭敬敬地，將馬桶放到門口，恭送給挑糞夫，這糞便不僅不能和挑糞夫交換任何東西，而且挑糞夫每逢月底或四時八節，還要挨家挨戶討取酒錢。挑糞夫的這種職業雖然臭，但所得的利益卻相當可觀，以至於這個行業被地下組織看上了。黃金榮的姘頭阿貴壟斷上海胡同居民日常離不開的運糞行當。阿貴

等人控制上海的糞市工人，每月坐收租金萬餘元。

當然了，上海市的挑糞夫還比較優越，畢竟上海人口眾多，下水道系統並不發達，全靠他們清理人們的排泄物。但是在中國其他地區，挑糞夫同行們則是要向百姓人家付一筆費用，才能挑走他們家的糞便。隨著近代城市化發展，城市規模越來越大，人口越來越多，糞便的處理成為一大市政難題。而在廣大的農村，糞便始終是最好的肥料。所謂「肥水不落外人田」，廣大農民就是憋著、忍著，也要把大小便留在自己家裡，甚至還有十分勤勞的農婦和農閒時期的農夫，為了肥田，常常拿著簍子、鏟子，挨家挨戶去收拾村子裡空地上的糞便。於是，一個需求關係就產生了。城市難以消耗掉的市政糞便，成為農村迫切需要的天然肥料，一個行業就這麼產生了：糞業。

所謂糞業，自然指和糞便有關係的行業，這個行業的從業者既包括挑糞夫，也包括一些自己出錢在城市、鄉鎮修建公共廁所的人。他們歡迎、甚至拉顧客或市民來廁所裡方便，然後將廁所裡積蓄的糞便以一定的價格固定地賣給挑糞夫，挑糞夫再運輸到農村地區販賣。糞業的發展解決了市政難題。原本應該解決城市糞便問題卻無力去做的官府，這個時候看到了好處，紛紛開徵糞稅或是糞捐。

據說最初開徵糞捐或糞稅的是四川軍閥楊森。楊森短期占領成都的時候，看到成都四鄉都有挑糞夫在活躍，於是派兵在成都各個城門口把守，挑糞夫進出的時候要交稅。當年郭沫若就寫了一首歪詩諷刺這種形象：「自古未聞糞有稅，如今只有屁無捐。」既然糞業能夠產生利潤，眼紅的各個官府衙門都盯上了。衛生局說：「人畜糞便，有礙衛生，關係百姓健康，糞捐、糞稅應該由衛生局來徵收」；社會局說：「畜糞便，是市政重要內容，糞捐、糞稅應該由社會局來主導」；稅務局就說了：「自古以來，任何捐稅、雜賦都是我們稅務局的事情，應該由我們來收取糞

捐、糞稅。」於是乎，民國時期就產生了一個專有名詞，叫做「糞政」。所謂的糞政，就是協調各個政府衙門處理糞捐、糞稅事務的政事。

當時有很多在華的外國人難以相信，在城市熙熙攘攘的人群當中穿行，與他們擦肩而過的許多人，面容紅潤、腿腳便捷，竟然是挑糞夫！這個行當中竟然還有很多長相姣好的農村婦女。外國人難以置信，這些正常人為何挑著那麼多糞便還會健步如飛、談笑風生？而旁邊的中國人為什麼對此見怪不怪？外國人和後來的人無法理解這個行業，甚至有人鄙視這個行業的從業者。這個行業真真切切地折射出民國時期普通百姓的窮困，和整個社會的落後。很多來華的外國人，驚訝於中國人的生活水準之低，似乎任何東西在中國都捨不得丟棄，中國人具有變廢為寶的天賦。實際上這種低水準的生活和變廢為寶的天賦，是被貧困的生活逼出來的。

在上海街頭，有很多婦女在大街上挽著一個竹籃和一把凳子，籃子裡放著剪刀、竹子、線團、廢布之類，在路上走來走去，尋找生意。她們的主要營生，就是替人縫補襪底、脫線和補衣服上的破洞。在外國人看來，襪子破了或衣服破洞，應該丟了，而中國人不僅不丟，還專門找人縫補，而且還因此產生了一個行業。這個行業，上海人稱之為「縫窮」。關於「縫窮」兩個字的解釋，就是專門替代窮人做工。

因為窮，中國人可能沒有受過高深的教育，可能不懂得浪漫，內心世界不夠豐富，日常生活不夠多彩多姿；因為窮，他們把絕大部分時間，都耗費在餬口和賺錢上，忽視了對外界的觀察，甚至可能忽視了友情和親情。但是我們不能鄙視任何一個民國時期窮人的人格。中國人在貧窮和艱難的生活當中，展現出來的剛毅、堅持和忍耐，是值得任何一個人尊敬和學習的。

跟貧窮有關係的另外兩個灰色行業，分別是乞丐業和典當業。

　　乞丐是中國歷史悠久的行業，丐幫是中國最大的幫派，但凡有人的地方，就有乞丐。這個古老的行業在民國時期得到蓬勃發展，這得「感謝」貧困的生活和動盪的歲月。光怪陸離的十里洋場，就散落著難以記數的乞丐。比如，上海富人們坐人力車經過蘇州河一帶橋梁時，車子剛到橋的一邊，常有蓬頭垢面的乞丐，一手握住車槓，手裡嚷道「拉一把」，等他們幫忙把車拉到橋面，他就伸出五指討錢，並說道：「老闆，一隻銅鈿。」他們絮絮叨叨的，如果坐車的人不給銅板，他們就會撇著嘴咕嚕而去。如果遇到女乞丐，常常破口謾罵，出言傷人。人們走到街頭巷尾，常常有乞丐跟在後面討錢，依舊操著柔軟的吳語絮絮叨叨。每到夏天，這些乞丐都會手拿一柄破蒲扇在後面替人搧風，如果不給錢，就一直跟著不離開。上海人稱這類乞丐為「釘巴」。

　　上海各大飯店的伙食，為了簡便起見，大多推出包廂和包餐。顧客往往吃不完，造成很大的浪費。當餐廳的服務生收拾碗筷，傾倒殘羹冷炙的時候，早就有一群乞丐等候在餐廳門前，爭搶倒掉的剩飯、殘餚，稱之為「倒冷飯」。收拾碗筷的服務生不敢與乞丐爭論，聽憑各個乞丐蜂擁而來，在飯店門前翻桶倒櫃。好在這些乞丐只拿殘羹冷炙，並不侵犯飯店。

　　近代的窮和亂，讓乞討行業獲得長足發展。一個日本人記述中國之行說：「旅行中國的人所感到苦惱的事情之一，是乞丐的襲來。在中國乞丐和貧民是不容易區別的，所以如果把連類似乞丐的人也算在內，則其數就很大了。」晚清美國外交官何天爵則記錄北京的乞丐說：「就像東方的其他城市一樣，北京城裡也浮游著成群的乞丐。你到處都能遇到他們，各式各樣，奇形怪狀，真病裝病，難以分辨。他們有男有女，跨越所有年齡層。對許多人來說，乞討就是他們的職業，是固定的行當。他們從孩提時期就開始受到訓練，其中一些人樂在其中，獲得極大的成

功。在中國，非常容易區分『職業乞丐』和『業餘乞丐』，就像分辨騾和馬一樣簡單。中國的業餘乞丐可謂是真正的乞丐，遭受真正的不幸，不得不沿街乞討。」這群處於社會最底層的人，衣衫襤褸，蓬頭垢面，年齡不等，手捧髒缽，或跪或躺，風餐露宿，無拘無束，無牽無掛，行走於街頭巷尾，奔波於荒郊野外，到處乞討。

當然，任何一個群體都是有組織的，乞丐也有自己的丐幫，也有自己的頭目。在上海，每群乞丐都有一名年老的統領，他們尊稱為「爺叔」。不同群體的乞丐各守疆界，絕不侵犯。如果有人侵犯，或是有人東偷西摸，除了拿飯店的殘羹冷炙之外，偷拿了櫃檯的銅板，丐幫內部就會對他加以嚴懲，不徇私情。據說，群體內的乞丐每次獲取食物的多少，都要先行呈送給爺叔，再由爺叔分派給群體內各個乞丐充飢。

乞丐之遊食四方，造成大批不受政府管制的流動人口。乞丐隊伍的迅速膨脹，勢必會帶來各式各樣的社會問題，對市容觀瞻和城市衛生有很大的妨礙，甚至可能為人所用、威脅穩定。這都是統治者頗感為難的問題。為了能夠有效控制乞丐的動向，政府於是出面組織、或由官府間接支持，透過提供一定的經費、活動場所和某些特許權利，以癃老病瞎等殘疾乞丐為主體的丐幫組織便產生了。這類丐幫一般有固定的場所，丐幫頭目兼具官方和民間雙重身分，其組織結構相對較為嚴密。組織形式以類等級制度和類親屬班輩制度為主，以維持乞丐的生計為主要目的。例如，在天津，就有一個管理乞丐的組織機構，稱「官驛」，郡中所有乞丐無論男女老幼，皆屬其轄制。

再如，清末民初的無錫，在當地政府機構中，專設「叫化甲頭」一職，用以管理全無錫城的乞丐。「甲（音 ga）頭」負責把乞丐組織起來，指定幾個丐頭，規定哪一夥乞丐可以在哪一帶地段住宿行乞。還規定農曆每月初一、初八、十五、廿三這四天可以「自由活動」，其餘日子，則

只能在指定的地方行乞。甲頭每月在衙門裡領取俸銀，但為數極微，主要收入是向各行業商店收取「月規錢」和逢年過節的「節規錢」。民國初年黑龍江雙城的「乞丐處」也屬此類丐幫組織。丐頭為官府委任，稱為「處長」或「團頭」。「團頭」擁有許多權力，凡本地乞丐，都要受其統轄。「團頭」有一根行使權力的「桿力」（長 2 尺的木桿，土黑下白，下邊縛有半尺長的皮鞭子），他平時用這根桿子管教所有乞丐，乞丐大多服膺他的管治。「團頭」還有收養乞丐的職責，同時要分派乞丐做一些邊緣性的政務，如對縣府監獄犯人死屍進行掩埋，收斂野屍和被處決犯人的屍體，並加以埋葬。「團頭」還負責籌措經費，用以應付「乞丐處」可能出現的一些特殊情況。經費來自於對進城農民盤剝，凡鄉民進城賣柴草，乞丐處照例每車抽一捆。乞丐處每月編造乞丐花名冊，到商會領取秫米，每月人均一斗，還有些許衣物雜什，也例由農民和商人提供。所有這些物資，大多被「團頭」中飽私囊，落到乞丐頭上的微乎其微。

另一個因窮而生、在民國得到長足發展的古老行業，是典當行業。典當行業的櫃檯是三百六十行中最高的，大約有 5 ～ 6 尺高，櫃檯裡面的典當師（朝奉）總是俯視著顧客，而顧客都被迫踮著腳、仰著頭，把要當的物品雙手捧上去。這樣，當鋪給人的強烈印象，就是一種唯我是求的傲慢態度。貧苦的勞動者，比如人力車伕、搬運工、腳行苦力等，生活困難，家無隔夜之糧。全家數口嗷嗷待哺，多是在清早將衣被入當，置錢買糧，白天賺辛苦錢，晚上再贖回來。這種晨當晚贖，雖然只有一天時間，但利息高昂。有些勞動者無力贖回衣物，就把當票賣給別人去贖，以便再多得一點錢。

在上海，各個當鋪的要求相對較高，他們比較歡迎金子和銀子，對當衣物越來越不歡迎。衣物只能按照二、三折當，甚至當鋪拒收女性衣物，因為奇形怪狀的摩登女裝，價值難以評定。而上海窮人較多，典當

行不愁顧客，因此對一般人家的衣物拒絕典當。上海話說「典當是窮人的後門」，這句話一點也沒錯。

貧苦老百姓收入有限，入不敷出，常常在緊急時候，只好一頭跑進當鋪解燃眉之急。窮人跑進當鋪去當錢，坐在臺上的朝奉先生就會擺出一副傲慢的面孔，將東西翻了又翻、看了又看，才大聲問道：「當多少錢？」這句問話雖然是朝奉先生對顧客的客氣話，其實在他心裡，翻看東西後，早已經有了數目，不過是假客氣一回罷了。比如：某個顧客要當一件東西，當戶要當 5 塊錢，朝奉先生最初會說 3 塊錢，最後多加一塊錢，合成 4 塊，這已經算是萬幸了。當戶倘若不知趣，再囉囉嗦嗦，那朝奉先生就會扭過頭去不理不睬。對那些價格談不攏的當戶，朝奉先生會退還典當物。在退還時，他偷偷在當物上做了一個行內人才會知道的記號。當顧客再拿著同一個當物去其他當鋪時，行內的先生一看就知道這件當品已經輾轉多處。各家當鋪會統一以低價買入，絕不讓顧客多要當錢。

上海市面上有一種叫「跑老虎當」的人。據說他們是專門在舊貨攤、各小店收買各種衣服、首飾、珠寶、鑽石，買回來以後改造一下，裝飾一新，然後分別到各大典當鋪去當錢。當鋪先生如果失查，就會吃了虧。比如一樣舊東西，買價只有 4 塊錢，他進了當鋪，反而當了 6、7 塊錢，當價超過買價。這些「跑老虎當」的人，當了錢以後，又把當票賣給同行，再增加一筆收入。一些貪便宜的人，常常會買這些人的當票，再去把東西贖出，這個虧就轉移到那些貪便宜的人身上。

當鋪的剝削很重，約定一定期限顧客要去贖回，如果顧客在約定時間之前贖回，也要按照議定的原價支付所有利息。即便是一些顧客要去看看原物如何，當鋪帶他去看一下，也要顧客支付一定的手續費。當鋪最大的收入，就是處理死當。死當就是當戶過期、無力贖回的物品，

按規定由當鋪所有，當鋪有權處理。根據太原的當鋪老店員說，死當在民國時期的當品中占比很高。處理死當，當鋪的東家坐收漁利。太原有幾家當鋪的老闆，既開古董店，又開金店、衣店，這些店鋪的商品，全都來自當鋪的死當。民國初年，天津幫會頭袁文會和上海大亨黃金榮都經營當鋪，他們還公然收「活當」，即以活人作為當品。貧困百姓在山窮水盡時，把子女作為人質送入當鋪，到期若無力贖回，當鋪就將這些活人賣入寺廟或妓院。被賣入妓院的貧家女們，就陷入所謂的「花業」。

紅彤彤的民國花業

民國時期另一大蓬勃發展的灰色行業，就是花業。花業其實就是娼妓行業。清朝末期以來，娼妓雖然是違法行業，但一直在世面上流行，官府熟視無睹；進入民國以後，社會動盪，民不聊生，反而娼妓行業得到積極發展。為了從中牟利，各地政府多有將娼妓行業合法化，稱妓女為「公娼」或「樂女」，劃出特定區域或樓房，讓娼妓開設妓院招嫖。娼妓的合法化進一步促進花業的發展。

民國時期，大批文人政客因為前途失意、社會動盪，灰心之下也把精力大量投在花業上。在電視連續劇中，有娛樂場所鬥法，舉辦所謂的「花界選美」，還在自己的娛樂場所裡，專門劃出區域來供妓女們上臺表演，招攬妓女的相好前來捧場選美。這雖然是電視劇的藝術處理手法，卻是在上海實實在在存在的歷史。

據說，民國時期妓女選美的始作俑者，是大名鼎鼎的《官場現形記》作者李寶嘉。進入民國後，李寶嘉在上海創辦了一小報。

為了擴大報紙影響、增加銷量，李寶嘉策劃了第一次上海妓女的選美，選票就刊登在自己的小報上。顧客可以將自己中意的妓女名稱、住

所寫在選票上，寄回報社，得票多者獲勝，由報社公布選舉結果。最後，報紙評選出上海妓女行業的花界總統、花界總理和花界各部的總長，並配上「傾國傾城」、「國色天香」等讚語。遺憾的是，現在我們看當時的評選結果，那些妓女從照片上看起來根本就算不上美（當時就有美國讀者寫信抱怨「選舉不公」）。但是李寶嘉的這個點子，一下就讓報紙銷量大增，而且導致照相行業和廣告行業的畸形發展。一些妓女為了爭奪選票，常常拍下自己的玉照，刊登在報紙上。照相業為了吸引這些妓女前來拍照，改良器械、改進手法。拍仕女照成為一時風尚，發展到後來，良家婦女為了留住自己美好的時刻，也學妓女的做法，紛紛去拍照留影。現在我們能夠看到大量民國時期的仕女照，這些仕女照比清朝末期的照相技術有了很大的提升。我們看這些將近一百年前的婦女照片，還真分不清哪些是花界中人，哪些是良家婦女。廣告業則是因為妓女紛紛在報刊上登載廣告或委託他人製作自己的廣告傳單招攬顧客而發展起來。1918 年，上海著名妓女林黛玉懸牌為妓，力捧林黛玉的《新聞報》總經理汪漢溪免費送她一條封面廣告，大書特書：「瀟湘館主老林黛玉重行出山絃歌應徵」十六字。上海妓女在報紙頭版上推廣告，這還是頭一回。（此林黛玉在清末曾讓徐世昌大為傾倒，曾想不顧前途娶之為妻，後為幕僚、友人勸阻。）

民國時期最熱鬧、影響最大的花界選舉發生在 1946 年。當年江蘇北部地區發生大水，加上又是抗戰勝利後的第一年，當時的上海名人杜月笙為了慶祝自己的 58 歲生日，決定組織一場熱熱鬧鬧的賑災，實現一箭三鵰的目的。杜月笙成立了以自己為主任、國民黨江蘇省黨部委員汪寶暄為總幹事的「蘇北難民救濟協會」，除親自出馬「邀請」大家認捐外，還弄了一系列「義演」、「義賣」等活動。系列活動中最轟動的就是「上海小姐」選美。

　　一時間，選美活動吸引不少年輕女子。大家閨秀、小家碧玉、交際花、新潮學生等紛紛報名參加。選美的規則是，先按照身分分組，有閨閣名媛組、影星組、歌星組、舞星組、坤伶組、越劇組、平劇組等。各組先分別選出候選人，再在各組初選的基礎上產生上海小姐冠亞季軍。雖然選美要求參加者每人需交 4 英吋半身照片，但此次選美不以面容、身材為標準，而是以參賽者所得選票的價值（錢）為標準。選美活動會發售支持各位選手的選票，由人認購。誰的票賣得多，誰就獲勝。這不失為募捐的好方法。但是對選手來說，想要獲勝，除花錢買票外，還必須找到強大的後臺支持。這實質上變成上海幫會勢力的大檢驗。最後的結果是王韻梅、謝家驊、劉德明三人票數爭持不下。

　　王韻梅，時年 23 歲，紹興人，是四川袍哥軍閥范紹增的情人。范紹增是杜月笙的結拜兄弟，在關鍵時刻親自上門向杜月笙打招呼。兄弟的面子，杜月笙當然不能不給。整個選美活動歷時一週。1946 年 8 月 21 日，上海小姐選美落下帷幕。王韻梅所得票值超過 3,000 萬，謝家驊得票為 3,000 萬，劉德明得票 2,000 萬。

　　三人分獲冠亞季軍。

　　對所謂的花業，我們要持完全否定的態度。從妓女來源上，我們就能看到這個行業的斑斑血淚。山西太原妓院收容妓女的規定主要有三種來源：第一種是買斷終身制，貧苦人家為了餬口，常常在女兒十四、五歲時，即以一筆款項把女兒賣給妓院，價格一般為銀元三、四百元不等；第二種是活期租賃制，貧苦老百姓將女兒在快要出嫁前的三、四年間，先以活期 2 ～ 3 年租給妓院，以人的長相論價，二、三百元不等，到期後，貧苦人家再把女兒領回；第三種是上捐分層制，即妓女入院後，每日賺到的錢以四六或三七分帳，妓院得大頭，妓女得小頭，但是妓女有人身自由，來去自由。此外，每逢水災、旱災，一些人口販子就在山

東、河南、內蒙古一帶拐賣，騙取一些少女、少婦，再以父賣女、夫賣妻的名義賣給妓院。由於鴉片蔓延，也有所謂的煙鬼，把自己的妻子、女兒賣給妓院。一入妓院，即入火坑，極難回頭。妓女身心蒙受極大創傷，在空虛、屈辱和痛苦中度過一生。

新中國成立之初，花業和糞業、乞丐、典當行業一起，迅速消失了。

民國主要地下幫會

所有灰色行業的背後都有地下幫會的影響。前者需要後者的保護，後者需要前者作為營生。行業有多有少、有興有衰，而幫派的穩定性比灰色行業要好得多。如果說灰色行業是地下社會的話，幫派就類似於地下社會的執法者，為地下社會維持秩序。

在政府公權力難以觸及的地方，也就是正常社會秩序難以施展作用的地方，這些地方就由地下幫會來統治。比如，民國初期上海法租界的最高行政長官魏志榮的夫人，在太湖地區遊覽時，被當地土匪綁為肉票，法國租界當局對此一籌莫展，束手無策。這是讓法國殖民當局威望掃地、顏面盡失的事情。但是當時在法國租界巡捕房擔任華捕的黃金榮出面以後，太湖地區的盜匪恭恭敬敬地用轎子把魏志榮夫人送了回來。在這裡，太湖地區明顯不在法國殖民當局的控制範圍內，他們不得不仰仗手下僱傭的一位華人巡捕去處理危局。對中國政府來說，外國租界不允許中國軍隊進入，就算是蔣中正去上海法租界，也只能帶便衣警衛。蔣中正剛上臺的時候，曾經不明就裡，帶了 60 多名警衛，開了兩輛軍車準備進入法租界，結果被法租界安南巡捕攔住，扣押了軍車和警衛班長。最後又是經黃金榮協調才得以放人。

上海青紅幫獲得國際影響的一件事情，發生在 1923 年，黃金榮也因

為這件事情達到聲望的頂峰。1923 上半年，一列從上海開往北京的特快列車，在山東臨城附近被山東土匪孫美瑤劫持，車上有三、四十位外國人被劫為肉票。北京的北洋政府當時由直系軍閥控制，他們對山東局勢一籌莫展，因為當時的山東督軍田中玉是皖系軍閥的人，而田中玉對這些土匪也束手無策。最後還是上海法租界的一個普通巡捕黃金榮出面去山東斡旋談判，最後被劫持的外國肉票毫髮無損地被禮送下山，孫美瑤部也被收編為政府軍。

地下幫會填補了政府公權力的空缺，同時為中國的底層社會制定一套和正常社會不同的地下秩序。地下社會雖然黃賭毒俱全，盡幹些違法之事，卻不是無法無天，自有一套森嚴的規矩。比如上海的青紅幫就規定了一系列的嚴格幫規，成員一旦違反，就會受到嚴厲的懲罰，甚至處死。上海青幫所謂的十大幫規，包括：嚴禁門徒欺師滅祖、蔑視前人，尊敬輩分高的人，遵守江湖規矩，公平地對待其他幫會的成員，保守祕密，禁止通姦與偷盜。除了十大幫規，青紅幫還有大量附加的規範和禁令。內容涉及調解幫派成員內部的爭鬥，成員互相幫助，接待過路的兄弟，暗語手勢以及下級對上級的義務……等。他們也是用儒家道德規範中的仁、義、禮、智、信來約束的。從精神層面上來看，它和正常的社會秩序有異曲同工之處。

近代幫會在大發展過程中，呈現出有別於古代幫會的嶄新特點。

首先是公開性。正如前述灰色行業頗有漂白的趨勢，幫會組織也大搖大擺走上「臺面」，不似以前的遮遮掩掩。民國初年，社會動盪，政治權威驟然消逝，來自政府當局的壓力消失，幫會再也沒有祕密集合、維持繁文縟節的必要。幫會的神祕色彩不再，逐漸為外人所知。先是在1912 年，商務印書館翻譯出版了日本人平山周寫的《中國祕密社會史》，該書對中國的幫派有較詳實的記載和分類。一些幫會組織深感過去那種

口耳相傳、手抄筆錄式傳道過程效率太低、錯誤率過高，陸續編印了諸如《江湖海底》、《金不換》、《通漕輯要》之類的書籍，收錄幫內的各種規章制度、歷史沿革、隱語暗號及幫會人名錄等內容，幫會逐漸為人們所熟知。幫會成員不以加入幫會為恥，也不避諱自己的幫會身分。以前上不告父母、下不傳子女的規矩幾乎絕跡。人們將加入幫會視為平常之事，看作是人生的選擇之一。有人千方百計攀關係籌措資金加入幫會，將之視為人生投資。一些幫會組織光明正大地在政府機構中登記註冊，如杜月笙的恆社、張仁奎的仁社、黃金榮的忠信社、朱學範的毅社等，都公開活動。他們舉辦慈善活動、進行正常的經濟活動、開展文化教育交流、公開物色培養下一代幫會骨幹，與暗地活動並行不悖。

幫會的公開化又推動了幫會紀律和儀式的簡化。組織的公開化和儀式的簡化，使幫會和正常社會間開始互相認同。近代幫會的第二個新特點是聯合性。古代祕密會黨大多有「排他」性，即排斥自己組織之外的組織。民國各個幫會則組成廣泛的、鬆散的、暫時的、長遠的聯盟。青幫和洪門是近代的兩大幫派，在清末民初實現聯合，合稱為「青紅幫」就是明證。

青紅幫是以上海為中心的東南地區主要幫派，是民國時期最大、最有力的地下幫會。清末民初，青幫大老徐寶山主導了與洪門的聯合。繼徐寶山之後的大老黃金榮，在青紅幫的簡化和公開方面做了很多工作。黃金榮將其徒眾分成兩大類，一類是「門徒」，專門招收社會下層人士，這些人一般要具紅帖開香堂，拜過「老頭子」後入幫。另一類是「門生」，專門接收有身分地位之人，他們需由介紹人搭橋，欲入幫，先投上一個紅帖，封金比一般門徒還高，但只需向黃金榮磕頭。其中的高檔門生，只要透過介紹人、備紅帖，包一份更高的贄金，向黃金榮三鞠躬就算入了門。這種既不須磕頭禮拜，又能遮蓋門徒祕密的「招生」方式，

為青幫蒐羅了不少菁英人物，為日後青幫的發展奠定穩定的基礎。後世對青紅幫的描述最多，如今戲劇中有關幫會的諸多行頭、切口、故事，都有「抄襲」民國青紅幫的痕跡，此處就不多述。

居於青幫、洪門之下的第三大幫會是袍哥會，它是以四川為中心的西南地區最大幫會。袍哥成員之間稱哥論弟，更引用《詩經》「豈曰無衣，與子同袍」，故稱袍哥。袍哥興起於晚清，是清末保路運動和四川辛亥革命的主力，進入民國後公開活動。在四川很多城鎮的茶館門口，往往掛上「某某公」、「某某堂」的木牌，表明自己是袍哥的據點。它長期成為四川大多數成年男性直接加入或間接受其控制的公開性組織，對四川社會各方面都有極為重要的影響，甚至在今天也能看到它的很多痕跡。這一特點，是中國其他任何地區都從未有過的。

1946 年陽翰笙編草莽英雄劇，以辛亥四川保路運動為背景，將川南袍哥龍頭大爺在高縣起義及攻打敘府之事公開搬上舞臺。這是袍哥歷史第一次在正常社會透過文化名人大為宣傳，激起袍哥組織的極大榮耀感，紛紛觀看。

四川各地文官武官，幾乎都有袍哥身分背景。沒入袍哥的官吏在四川官場混事，是無法想像之事。袍哥在四川的一切活動都公開透明。官府在縣市官衙公堂辦公，袍哥的茶館也公開處理日常例行公事，成為官府行政職能的補充。民國四川各派紛紛收編袍哥隊伍組成軍隊，時稱「拖灘招安」。川軍各派軍閥亦多袍哥隊伍。川軍第五師熊克武部官兵大多是辛亥民軍中的袍哥隊伍改編而成，部隊中亦有袍哥組織，該師九旅十八團官兵皆是袍哥。利用袍哥拖灘成軍，是四川軍閥割據一方、擁兵自重的主要方式，募兵甚易，一夜之間即可得人槍數千。擁兵自重的軍閥們儘管內戰不休，但都是些烏合之眾的小打小鬧，往往剛一交火，一方袍哥成員見勢不妙，便腳底抹油、溜之大吉。大家都把主要精力投入

在調停時的唇槍舌劍、偷奸耍滑。他們各自把著大大小小的「碼頭」，平時間稱兄道弟、禮尚往來，卻為擴充勢力、爭奪地盤打得頭破血流；今天是飲血誓盟、兩肋插刀的生死弟兄，明天便六親不認、兵戎相接；戰場上兩支部隊正打得昏天黑地，城中公館裡兩家的太太小姐聚在一處吃喝玩樂，其樂融融。儘管民國時期四川地區內戰不斷，但是對社會造成的損失卻小於其他地區。這都是川軍，或者是袍哥的特點。

當時典型的川兵被人稱為「丘八」。他看起來就是一個又窮又惡的袍哥分子，骨瘦如柴，軍帽歪戴，衣領敞開，一年四季穿著草鞋，個子矮小，一張口就是粗話。其實他們都有不可小看之處，他們從小吃苦耐勞，背得重物、跑得遠路、經得飢渴，急了也凶猛過人，給幾塊銀元就敢拚命；他們從辛亥革命以後就不停地打仗，槍法精準，戰場經驗絕非等閒，一旦有嚴格的管理和良好的指揮，就能和當時中國任何軍隊抗衡。這點在抗戰期間有所展現。

四川是各派袍哥勢力的大碼頭，他們可以關起門來內戰，但絕不容許「外人」染指。用他們的行話說，叫「肉爛了在鍋頭」。

一旦有川外勢力企圖占據川地，昨天還在火拚的軍閥部隊，立刻抱成一團，組成統一戰線，槍口對外。20多年來，他們雖然打得頭破血流，但都在這口大鍋裡撈得盆滿缽滿。若讓外省勢力占據，就等於讓別人把「鍋端走了」，誰都撈不到。不過抗日剛起，四川軍閥是要求抗日聲音最強的地方實力派，為抗戰勝利做出巨大犧牲。也因為國家有難，各派袍哥勢力接納國民政府的西遷，允許其他勢力進入四川。結果，袍哥勢力在四川逐漸削弱。

在中原農村，地方幫會主要是紅槍會。紅槍會徒手持長木槍，上綴紅纓，以為標誌，約束寬鬆，組織鬆散，所以成員時多時少。紅槍會的組織中，其首領稱為「老師」。老師設壇收徒，練功習武。老師的話對

徒子徒孫具有絕對的權威。紅槍會一般只吸收年輕力壯的小夥子，入會時要先舉行儀式。按照規定是「法不傳六耳」（即不讓第三者聽見），入會者必須單獨進祭神的屋，在老師教導下，到神前燒香磕頭、喝符水、唸咒語，傳授戒條。他們聲稱喝符唸咒，就可以「刀槍不入」，還可以治疑難病症，連打入身體內的子彈都能拿出來。其戒條共十條，有：不准傳法語；不准偷法倒流；不准背師忘友；不准偷盜；不准姦淫；不准欺騙……等。紅槍會武裝的武器，有的是成員自帶的農具，也有組織製作籌集的竹竿、木棍、刀、槍、劍、戟，乃至鍬、叉、鋤、鐮等。入團後，組織裡的拳師，也會教成員們練拳練氣，進行操練。民國初期，兵荒馬亂，一些散兵游勇和退伍士兵也加入紅槍會，為紅槍會帶來現代兵器，但是紅槍會武裝的主要裝備依然是落後的。

每當集會、武鬥時，紅槍會往往抬著村子所有的神明，如私塾裡的孔子牌位，廟中的關帝、觀音，道觀裡的太上老君，土地廟中的土地公，甚至戲班裡的張飛、趙雲、豬八戒、孫悟空等都出現在隊伍裡。浩蕩前行，還真能達到恐嚇同樣出生的農民敵人。

除了紅槍會外，北方大的幫會組織還有一貫道、理門等。不過規模比不上青紅幫、袍哥和紅槍會，且這些組織以聚斂錢財為主要目的，罪惡昭彰，沒有青紅幫、袍哥、紅槍會那樣多少帶有正面意義。需要說明的是，諸多民國幫會的組織並非固定，相互交叉嚴重。一個北方的農民，可能同時加入過紅槍會、一貫道，甚至青紅幫。畢竟地下幫會不是真正的信仰，成員加入就是為了吃飯、生存。

在一個社會越動盪越分裂的時期，正常的社會秩序就遭到越大的破壞，江湖社會和地下秩序大行其道。民國灰色行業和地下社會的盛行，從反面襯托出時代的動盪和不安。

需要指出的是，江湖社會和正常社會相比，始終處於劣勢。完全以

江湖為家、一心生活在地下秩序中的人有，但是屬少數，大多跑江湖、混幫會的人，只要有機會，還是希望能夠「漂白」自己，回歸正常社會秩序。自古以來，土匪強盜們理想的職業軌跡是「殺人、放火、受招安」，他們心底還是盼望正常社會秩序能夠「招安」他們，可以吃上正常的飯。民國的江湖人士也不例外。民國幫會的頭目在有權有勢以後，或者附庸風雅，或者關注社會民生，幫自己謀得一個正常的身分，和官紳學者們往來——這在四川比較明顯；另外，土匪強盜們「幹一票大的」以後，有了足夠的收益，也傾向於「金盆洗手」，買塊地、蓋幾間房，過正常人的日子。這些都表明，正常社會的觀念在江湖人士腦中根深蒂固，正常的生活對他們吸引力很大。

連接江湖和正常社會的各個通道一直沒有關閉，任人來往。民國華北、中原農村的不少農民，荒年為匪、豐年種地。日子過得下去，江湖就萎縮；日子難過了，江湖就膨脹。話說回來，中國人是特別能吃苦耐勞的民族，只要有一口粥喝、有一張床睡，誰願意委身幫會、落草為寇，或者做那些不三不四的行當呢？實在是被逼得沒辦法，不得已而為之啊！

杜月笙的場面和「說法」

談到民國江湖社會，「杜先生」是一個中國人皆知的名字。這個「杜先生」就是上海灘的杜月笙。

杜月笙是上海青紅幫的大頭目。但他不是一般的黑社會老大，當年上海灘專門造了一個詞來稱呼杜月笙這種級別的人：聞人。杜月笙被稱為「海上聞人」。（那時候的人們詞彙豐富，不像後人那樣說來說去不是「老大」、「大老」，就是「大亨」。）上海灘能夠被稱得上「聞人」的黑

社會老大屈指可數。這個詞特指上海青紅幫的三大頭目，這三個人分別是黃金榮、杜月笙和張嘯林。黃金榮是江蘇蘇州人，早年到上海來當學徒，後來進入法租界當巡捕，一直做到巡捕房的督察長。黃金榮是三大聞人當中最先發達起來的。當他權勢最鼎盛的時候，在十里洋場討生活的蔣中正，都曾經向黃金榮遞交門生帖子，拜他為師。後來蔣中正當上國民政府的首腦，黃金榮又偷偷地把蔣中正的弟子名帖送還，對曾經收蔣中正為門生一事絕口不提。

和蔣中正一樣，杜月笙在上海街頭討生活的時候，也向黃金榮遞交門生帖子，算是黃金榮的弟子。但是杜月笙精明能幹、文質彬彬、善於交際，很快後來居上，超越了黃金榮，坐上上海灘青紅幫的第一把交椅。三大聞人中的最後一位張嘯林是浙江寧波人，後來到上海討生活。他在三人的排名中一直居後，勢力最弱。張嘯林對黃金榮、杜月笙兩人暗中不滿。抗日戰爭爆發以後，黃金榮和杜月笙都拒絕投日，杜月笙還隨國民政府遷徙到四川、重慶，但張嘯林投靠了汪偽政府，曾經一度出任浙江省偽政府主席。以戴笠為首的國民黨特務組織決定刺殺張嘯林，杜月笙也授意他的徒弟參與刺殺活動。張嘯林最後死在被軍統策反的貼身保鏢槍下。

我們重點說一下杜月笙。杜月笙出生在現在上海浦東新區高橋南一戶普通農民家庭，家境赤貧。杜月笙在十幾歲時便來到上海灘，進入一家水果攤當學徒。在水果攤的幾年當中，杜月笙練就了一邊跟人說話，一邊用刀子盲削蘋果的絕技。後來杜月笙發達了，也時常在徒弟和賓客面前露幾下盲削蘋果的絕技，絲毫不避諱自己卑微貧寒的出身。其實在民國時期，不要說是黑社會老大，就連一般國民政府的達官顯貴，多數人都出身貧寒。

杜月笙事業的核心是三鑫公司。歷史上的三鑫公司不僅走私、販賣

鴉片，還向所有在上海灘的鴉片販子收「保護費」，規模巨大。黃金榮、杜月笙、張嘯林三人集鴉片走私、販運和銷售為一體，動用巡捕房的巡捕和國民政府的軍警保護鴉片貿易，建立了以上海為中心、輻射整個長江流域，甚至華北、華南的巨大販毒組織系統。三鑫公司也成為上海青紅幫最賺錢的事業。

杜月笙雖然日入斗金，卻一直處於缺錢、用度窘迫的狀態，一度還「極難為情地」默許身邊人在幫派內部借款。這是什麼原因呢？主要怪杜月笙講義氣、講排場、出手豪爽。一次，杜月笙和川幫的一個大財閥打牌。那個財閥輸了二、三百萬元。支票遞到杜手中，杜月笙連聲說：「笑話，笑話！」當場撕成碎片。此類事件傳開後，四川地區泛起一片讚揚聲：杜月笙真「四海」，夠朋友，真是見過大場面的！

上海灘的人們一般都很講場面，杜月笙尤其如此。他掛在嘴邊的口頭禪就是：「我混的就是一個面子！」（杜月笙的另一句口頭禪是：「世上有三碗麵最難吃：人面、情面、場面！」）有了面子，什麼都好辦；沒有面子，什麼都辦不成。為了維持場面，杜月笙交友廣闊。凡是能跟他說上話、請他幫忙的，杜月笙盡其所能，施以援手，因此花錢如流水，沒有什麼積蓄。他說：「錢總有用完的時候，面子是用不完的。別人攬財，我留面子。」

杜月笙出手豪爽，但是又施捨得非常有藝術，絕不讓求他的人難堪。比如一些知識分子走投無路，前來向杜月笙求助。為了照顧知識分子的自尊，杜月笙就在袖子裡藏幾百、幾千塊錢的支票，趁握手時，將支票偷偷塞入對方手中，讓人不至於難堪。民國時期，大到段祺瑞、楊度，小到內地小官僚的家眷，只要來上海，都受過杜月笙的接待。一次，有一個四川小軍閥的家眷途經上海，請杜月笙幫忙接待。杜月笙請她去西餐廳吃西餐。當時上海西餐廳的規矩是上了菜後，把一大盆菜都

放在主客的面前，然後由顧客們自己分成小盤。但是這位四川來的太太不知道上海西餐廳的規矩，第一道菜上來以後，抱起那一盆菜就吃了起來，邊吃還邊說：「杜先生，您太客氣了，這麼多菜怎麼吃得完啊？」害杜月笙和作陪的人只好啃手裡的乾麵包。第二盆菜又上來了，不等這位太太動手，杜月笙就對服務生說：「服務生，你把這盆菜分一下。」一句話就化解了飯桌上的尷尬局面。

當然，僅僅講排場、會辦事，並不能讓杜月笙成為海上聞人。

杜月笙之所以能夠在上海灘屹立三、四十年而不倒，有其他兩方面的原因。首先，杜月笙積極靠攏政府公權力。杜月笙最初主動和英法租界的官員搞好關係，後來杜月笙又主動投靠國民政府。他善於借助公權力來壓制對手、保護自己，追逐利益最大化。在民國混亂的局面中，總是有政府公權力發揮不了作用的地方和領域。租界當局也好，國民政府也罷，總免不了需要杜月笙這樣的人出面幫忙，也願意借助杜月笙的力量來維持政府公權力觸及不到的空間秩序。殖民勢力需要借助杜月笙的力量來管理租界裡的中國底層社會，而國民政府看重的是杜月笙能夠成為和租界溝通的橋梁。只要社會依然貧困、分裂，政府公權力就離不開杜月笙這樣的角色。雙方有牢固的「合作基礎」。

1945 年抗戰勝利以後，國民政府收回上海的租界，蔣中正可以帶著成百上千的衛兵堂而皇之地自由進出黃浦江了。黃金榮、杜月笙等人，身為中國政府與租界溝通橋梁的作用喪失了，連帶著兩人的地位也一落千丈。這也從反面說明了杜月笙等人存在的很大一部分作用，就是充當政府公權力在其作用不到地區的代理人。按照杜月笙的說法，他們幫派分子就是官府公權力的「夜壺」，少不了用的時候，卻絕不會端上臺面。

值得一提的是，雖然杜月笙等人注意靠攏政府公權力，但是在抗日戰爭期間，黃金榮、杜月笙都堅持民族氣節，不投日、不媚日。不僅如

此，杜月笙還積極發動徒子徒孫參加反日抗日活動。

杜月笙和張嘯林是結拜兄弟，同為上海三大聞人之一，但出於民族氣節，杜月笙依然授意徒弟參加了對張嘯林的刺殺活動。

其次，杜月笙幾十年屹立不倒的另一個法寶，是他始終以社會底層的代言人自居，真正地為正常秩序之外的人維護權益。

如果杜月笙等人僅僅靠攏政府公權力，而沒有社會底層力量作為後盾的話，他們充當不了政府與地下社會的橋梁。杜月笙深知，底層人們的支持是自己力量的根源。當他當選租界華董，進入租界管理層時，租界內外響起了陣陣鞭炮聲。門生來向他道喜，杜月笙卻面色凝重地說：「這每一聲炮，都是一筆債啊！人們支持你杜月笙，你就要為他們說話辦事。」所以，如果遇到政府公權力侵害底層社會利益，他不惜與租界當局、與國民政府翻臉。當資本家侵壓普通工人權益時，杜月笙也毫不猶豫地號召青紅幫成員參加罷工等活動。在上海灘有一個說法，不管你是街頭小販，還是暗娼私妓，遭到欺負或遇到什麼難事，只要你有本事讓杜先生知道，杜先生一定會給你一個說得過去的「說法」。這些「說法」所依據的，就是地下社會的道德規範和青紅幫的一系列的幫規、制度。它們共同組成上海社會的灰色秩序。杜月笙等人是這套秩序的執行者、維護者，也相信這套秩序能維護地下社會和其中人們的利益。

正是因為既有政府公權力的借重，又有底層社會的支持，杜月笙才能在上海灘維持一套運轉了幾十年、正常社會秩序之外的灰色秩序。

十里洋場：上海的崛起和城市化問題

1908 年 3 月 5 日，上海第一輛電車沿著鋪設在地上的固定軌道，發出「噹噹噹」的清脆悅耳聲音，從南京路口向延安東路外灘緩緩駛去。在這噹噹有聲的場景背後，上海在 20 世紀最初的三十多年間，進入了高度繁榮階段⋯⋯

從開埠之初的小漁村，到亞洲最繁華的國際化大都市，上海只用了半個多世紀的時間。在民國時期，上海被世界稱為「十里洋場」、「東方巴黎」、「東方魔都」、「冒險家的樂園」、「遠東第一金融中心」。時至今日，上海可能還是中國最具國際知名度的城市。

將近一個世紀後，後人似乎熱衷於重溫上海的繁華和溫存，痴迷於民國的上海風範，探索所謂的海上市井文化。如今上海的繁榮，很大一部分是奠定於民國時期，也可以追溯到上海時期。

我們現代社會很多與生活息息相關的行業、很多司空見慣的現象，都可以追溯到民國時期的上海，比如快遞公司。民國時期，有很多外地的商號在上海派駐辦事處或採購員，這些人有商業信函或採購的貨物要寄出，大多要委託郵包公司代遞。因為外地人在上海不明白郵遞手續，而且人情世故又不精明，所以情願多加點手續費，也要找人代寄。1930 年代，上海灘有幾十家這樣的郵包公司，他們代人寄收包裹，除了跑腿以外，所有的驗關、運送手續，他們都完全負責，而且非常便宜快捷，很受歡迎。據說最早開設郵包公司的行業先驅，是一個旅館的茶房，因為在旅館內居住的，大多是外地在上海的採購辦事人員，他們都請這位茶房去郵局代寄郵件、貨品，額外付給茶房車費或酒錢。茶房接受的貨物信件越來越多，乾脆辭職不幹，開設一家郵包公司，替客人寄包裹。這位茶房最後累積了十餘萬金錢，當富翁去了。

在這個部分，我們也趕上時髦，加入到對舊上海市井萬象的重溫中去。

舊上海的「蝸居」和群租

上海灘通商開埠之初，黃浦江邊只有一兩幢外國人的洋房和一兩間倉庫和商行而已。從 1850 ～ 1930 年，上海城市規模急遽膨脹。以原來只有幾幢建築的黃浦江江畔為中心，上海發展為有三百二十萬人口的東方大都市。城市規模迅速擴大，人口越來越密集，難免出現一系列城市化問題。首要的問題就是人多地少、居住困難。以繁華的公共租界為例，不到 6,000 英畝的土地，竟然擠進超過 10 萬人口，每平方公里近 5 萬人，是今天上海中心城區人口密度的 5 倍。當時的法租界有一個非常奇怪的現象：臨街的房屋從二樓開始向街道要空間，建設「騎樓」。「騎樓」指的是二樓以上的房間向街道突出，行人走在下面的街道，頭頂就是房屋；這些房屋好像騎在行人的頭上一樣，所以得名騎樓。這是上海人多地少、房屋緊湊的一個反映。人多地少，自然寸土寸金、房價奇高了。

在三百多萬上海人口中，無產階級的勞苦大眾占了百分之八、九十，同時不斷有流民和新的人口湧入上海。他們絕大部分在上海買不起立錐之地，只能租房居住。房屋仲介行業應運而生。那些販賣房屋和出租房屋的仲介，門檻很低；從業者訊息靈通，對物價消長、市面的變遷都爛熟於胸，做起生意，說得天花亂墜、面面俱到，上海人專門戲稱他們為「地鱉蟲」。（另一個用蟲稱呼從業者的行業是米店，上海人稱米店中人為「米蛀蟲」。）

進入民國，在上海獨立租賃一幢房屋或是一間公寓自己住的人，已

不多見。大部分都是租一幢或一間房屋後，因為租金昂貴無力獨自承擔，需要整理出幾個房間、或將房屋改變格局，搭建出新的房間，然後再出租給其他客人分居，希望能在租金上減輕一些負擔。往往一間房屋，少的有四、五家，多的有七、八家人一起居住。「普普通通一所石庫門宅，客廳住一家，廚房住一家，樓梯口住一家，陽臺（當時稱之為亭子間）住一家，大一點的臥室，中間隔幾塊木板，可以住四五家，樓房左右廂接出幾塊坡屋頂，用硬紙板一圍（當時稱之為灶板間），又可以住幾家。」屋窄人多，客廳、廚房、洗手間的功能都擠在一個房間裡，鬧得整個公寓烏煙瘴氣。這和今天大城市裡的群租現象如出一轍。當時上海人稱這種群租空間為「鴿子籠」。在二、三十年代，上海的房地產一天一種價格，房租一天一天地高漲，雖然這種鴿子籠居住條件差、衛生條件差，人們還是趨之若鶩。

上海中式建築的頂樓往往建有「亭子間」，就是在屋頂的斜坡上搭一個亭子。這樣的亭子間，竟然也能塞入一家人。魯迅先生的雜文集《且介亭雜文》，就是在上海租界的一個亭子間裡寫成的，因痛心租界喪權辱國而去掉「租界」二字的部首，取名「且介亭」。

除了房東，自己承租房屋、再出租給其他人的，被稱作二房東，以此類推，市面上甚至多達三房東、四房東。上海的許多人，只能從三房東或二房東手裡租房居住。街頭巷尾都貼滿了房屋出租和尋求合租的紅紙——當時的尋租廣告都寫在紅紙上。尋租者看定房屋以後，跟二房東（或仲介）言明月租多少、何日起租，一般需付定錢。定錢多少是根據房屋的租金來定，少的要一元，多的要二元、四元、十元不等。這是什麼概念呢？當時普通警察的月薪是四元錢，而在上海合租一套公寓的租金定錢就要一～十元錢不等，可見租金之貴。租客付完定錢後，二房東就把招租的紅紙啟事撕掉。租客正式入住以後，還需預付一個月的租金。

租客如果需要退租，必須在租期未滿前十天通知二房東或仲介，否則二房東或仲介不予退房；如果租客已付定錢，而二房東要反悔的話，則需加倍償還定錢。在上海有個不成文的規定，農曆正月、五月、六月、十二月四個月，照例是不准退租的。

上海三教九流混雜，其中不免有些歹徒、強盜、為非作歹之人，所以二房東、三房東雖然可獲得可觀的租金，卻要承擔一定的政治風險。如果租客把出租房當祕密機關或犯罪窩點，一旦事發，二房東、三房東要承擔連帶責任。於是為了避免無辜受累，很多二房東、三房東並不公開在街上張貼紅紙招攬，而是熱衷於請親朋好友推薦租客，或乾脆把房子委託給房屋仲介。仲介招攬來的、或親朋好友推薦來的租客，二房東、三房東都要仔細打量：如果對方是虎背熊腰的單身男子，一般拒之門外；即便是文質彬彬的男子，如果無家眷隨行，很多人也不願意出租。一些在大街上貼紅紙招租的二房東，在招租廣告上貼明：無保免進。意思是如果沒有人擔保，拒絕租售房屋。有些比較認真的二房東、三房東在租客簽錄之日，還向巡捕房或公安局戶口處報告領證，以免壞人混入。

受委託出租房屋的房屋仲介，在出租協議達成後，都會收取一筆仲介費，上海人稱之為「小租」。租客付給房東的租金是大租，付給房屋仲介的傭金是小租。這筆一次性的小租數目不一，通常是一個月的租金。若租客承租房屋的租金是每月五元，那小租也需五元，有些比較緊缺的地段，或是租客比較急的「小租」，也能漲到三個月或五個月的租金。而一些長期無人租賃的房屋，房東也願意自己承擔小租，不需要租客來付。

除了小租之外，房屋仲介還有其他收入，比如「挖費」。所謂的「挖費」，很有挖牆腳的意思，說的是某人覬覦某間店面，但是此處店面已由他人租賃，正在經營，於是這個人就偷偷跑到房屋仲介去私下運作，談

好酬金多少，請該房屋仲介幫忙將該處店面搶過來。房屋仲介再去找房東，說動房東按期或提前收回店面，轉租給他人。上海的租房習慣是提前十天或半個月，房東可以告訴租客收回房屋，所以即便正在經營的商家有多不情願，也必須到時關門歇業、忍痛搬遷。承租者達到目的後，除了租金以外，一般都會付給房屋仲介挖費。挖費少則數百，多則上萬，沒有一定的數目，關鍵要看承租者租的房屋店面大小和位置。

說完了居住問題，我們再來看看困擾現代城市的交通問題。在上海，交通還沒有成為一個問題，沒有出現交通擁堵的情況。相反，人們對汽車和道路開闢，持有歡迎的態度。上海人普遍認為：電車通到哪，那裡的地價就翻番。實際情況也是如此，道路修到哪，哪個地方開始鋪設有軌電車，該處的商業就會繁華起來，地價也會上漲。因此，人們非常歡迎汽車和道路出現在自己家門口，絲毫不在意噪音和廢氣。

當然，汽車和交通也產生一些問題，最大的問題就是車禍。上海街頭電線杆上常常貼有「馬路如虎口，當中不可走」的警告。一些上海人將汽車稱為「市虎」，「市虎殺人」的慘聞不斷發生。至於車禍的原因，平心而論，汽車和百姓各有其責。當時上海各條馬路的兩邊都設置人行道，穿越馬路也有警察指揮。可惜，普通上海市民的交通意識比較淡薄，人們還是不習慣走人行道，喜歡在馬路中間踱步，穿越馬路不聽從警察的指揮，更不看指示標誌，急匆匆地就衝過去。遇到汽車疾駛而來，司機來不及剎車，往往釀成車禍。因此上海警察局才會貼出「馬路如虎口，當中不可走」的警示標誌。1931 年，上海因為車禍死亡的人數有 133 人，受傷人數有 4,300 多人。後來為了減少車禍，上海各個重要路口都有警察或租界巡捕持著警棍指揮車輛和行人。在最熱鬧的路口，擔心人力指揮不夠，市政當局還設置了紅綠燈。當時的紅綠燈真的是「紅、綠」燈，只有紅、綠兩盞電燈，外加一名警察站在那裡開關電燈，

指揮車輛行進。紅綠燈運行的時間,從每天上午的 6 點開始,晚上 12 點結束,12 點以後紅綠燈全部熄滅——因為那個時候車輛和行人都比較少了,較少釀成車禍。

開風氣之先的花花世界

急速發展的上海在很多地方開了風氣之先。

民國初年,上海是最早啟動男女平等實際步伐的地區。早在清末民初,上海福州路上就有一家女子公司完全用女性來充當店員,取代中國幾千年來的男性店小二和夥計。後來,主張性學的張競生,在上海開設「美的書店」,也全部僱用年輕貌美的女性為店員。到 30 年代初,上海各大商號僱用女性職員成為一種潮流,男女店員同櫃經營的不在少數。其他如銀行、公司的書記、打字員、接待,都以女性為主了。華人創辦的上海南市公共汽車,售票人員也一律用女性。

社會風氣的變遷更展現在女性的穿著上——似乎女性著裝一直是檢驗風氣的風向標。30 年代,上海街頭的摩登新女性們所穿的衣服,尺寸越來越窄小、越來越美觀。到了夏秋季節,她們常常只穿一襲薄薄的短旗袍,袖子又短,不但露臂,有時候還露肘,把整條手臂完全顯露出來;又穿短褲和肉色絲襪,走起路來兩腿和雙臂全都露在外面,扭扭捏捏。這種穿著打扮讓一些思想陳腐的人,視之斥為怪物;但在多數人眼中,則讚美女性的曲線。畢竟,像《子夜》裡老太爺那樣,看到女性露大腿就昏厥的人越來越少了。在化妝上,上海摩登女性開始拋棄流行幾千年的髮髻,燙了波浪形頭髮,畫了筆直細長的眉毛,臉上塗抹厚厚的脂粉和血紅的口紅。她們出行,常常夾著皮包,三五成群,不忌諱他人的目光。

「民國達人」張愛玲在堪稱近代服飾變遷史的長文《更衣記》中，對此有過詳細的描寫：「『喇叭管袖子』飄飄欲仙，露出一大截玉腕。短襖腰部極為緊小。上層階級的女人出門繫裙，在家裡只穿一條齊膝的短褲，絲襪也只到膝為止，褲與襪的交界處偶爾也大膽地暴露了膝蓋，存心不良的女人往往從襖底垂下挑撥性的、長而寬的淡色絲質褲帶，帶端飄著排穗。民國初年的時裝，大部分的靈感是得自西方的。衣領減低了不算，甚至被蠲免了的時候也有。領口挖成圓形、方形、雞心形、金剛鑽形。白色絲質圍巾四季都能用。白絲襪腳跟上的黑繡花，像蟲的行列，蠕蠕爬到腿肚子上。交際花與妓女常常有戴平光眼鏡以為美的。舶來品不分皂白地被接受，可見一斑。」「女人的衣服……在民國的當鋪裡不再受歡迎了，因為過了時就一文不值。」對民國前期服飾的快速變化，張愛玲給予正面的評論：「時裝上也顯出空前的天真、輕快、愉悅。」

更極端的風氣「爭先」，可能展現在性用品上。民國時期，中國最早的現代性用品在上海地區公開銷售。當時的保險套叫「龜頭套」，龜頭套最初由一些天津雜貨店在上海出售，不過顧客去買它的時候，必須要用隱諱名稱說出來，才能夠得償所願。遺憾的是，這種龜頭套被上海人接受的程度比較低，有人說它是汙人潔操、離人骨肉、拆人金錢、傷人性命的罪惡東西，甚至把它比為《金瓶梅》中西門慶用的銀托子。那些天津雜貨店除了銷售龜頭套，還銷售一些泥製的春宮玩具。和購買龜頭套一樣，顧客去購買泥製春宮玩具時，也要說出隱諱的名字才能得償所願。不然，多數雜貨店都會拒絕銷售和推說沒有。這也可見上海的風氣變化雖然占據全國領先位置，但也是有一定限度的。

十里洋場被稱之為花花世界，主要是因為上海吃喝玩樂的興盛。上海吃喝玩樂興盛的一大標誌，就是遊樂場所眾多，從華人地區到租界，遊樂場所遍布大街小巷。當時的「百樂門」（Paramont）舞廳素有「遠

東第一樂府」美譽,「大世界」是當時亞洲最負盛名的娛樂中心。位於租界中心的跑馬廳則是當時亞洲規模最大、設施最先進的跑馬場。頂級酒店亦是薈萃上海。

在民國剛剛建立的 1912 年,商人黃楚九就在南京路、浙江路、湖北路交會處建造了一幢高聳巍峨的屋頂遊樂場,叫做「樓外樓」。黃楚九的「樓外樓」下面開設戲院,裡面引入上海最早的電梯(當時稱為升降梯)運送顧客上下。同時,樓外樓在大門入口處還設置了哈哈鏡(當時稱為凹凸鏡)。當時的上海人少見多怪,看到如此高聳的屋頂花園以及電梯、哈哈鏡,都趨之若鶩。因為樓外樓的生意太好,黃楚九後來脫離該樓,在馬路對面跑馬廳旁又創設了更大規模的遊樂場,稱為「新世界」。新世界有南北兩部分。為了將新世界南北兩部分連在一起,黃楚九特地在馬路底下挖了一條隧道,方便遊客隨意往返。隧道裡面都由瓷磚鑲嵌而成,耗費巨資,遊客只要掏兩毛錢就可以遊遍南北兩部新世界。這可能是中國最早的地下人行道了。

在上海各大遊樂場所當中,都有女招待,當時稱為「女茶房」。

無論哪個場子,顧客只要站一站腳,或在椅子上擺一擺屁股,女招待就會將一把熱毛巾遞上來。如果顧客對一把毛巾不領情,女招待就會送上另外一把;一個女招待不領情,就會換人,直到顧客領情為止。顧客用了她的毛巾,一玻璃杯熱騰騰的清茶接著就遞了過來。這玻璃杯茶價格是有規定的,起碼要給她小洋兩毛錢,根據女招待的「能力」不同,可能貴到幾塊錢。這些女招待是沒有薪資的,全靠外快收入。如果有人喝了她們的玻璃杯茶卻不給足兩毛錢,她們往往與你理論。一般的老茶客、老顧客都把這些女招待叫做「玻璃杯」,而不直呼女招待和女房客了。

繁榮背後：商業欺詐與貧富懸殊

上海市面繁華，富豪不斷湧現，這其中有很多人都是靠著辛苦勤勞、白手起家的。比如上海商界元老虞洽卿就是童工出身，他在店鋪裡當童工學習時，天天光著兩隻腳，紮著布裙，盤著髮辮，做一般人不屑做的瑣事，吃一般人不願吃的苦。後來慢慢的人際交往圈大了、經驗也多了、信用也彰顯了，地位一天天提升。這個過程，虞洽卿花了二、三十年時間。如果沒有當初的吃得苦中苦，日後怎麼能為人上人呢？

等上海進入繁華時期以後，三教九流都來到，其中難免出現一些商業欺詐和不誠信的行為。說到這一點，上海人常常舉糖果行業的一對正反例子來說明問題。民國初期，廣東人馬玉山到上海組建馬玉山糖果公司。馬玉山有一手製作糖果的好手藝，曾經在新加坡開店經營，在南京路東面租了兩幢房子開業後，業績一度不錯。於是他開始大肆擴張，又在南京路、福建路相近的地方自己建一幢房子，發起國民製糖公司，股本總額定為一千萬元，先期招募四分之一，也就是二百五十萬元的股份。馬玉山登報宣傳後，上海人鑑於糖業權利外溢，且這個行業的確是一個重要的實業，國民的需求和消費很大，於是看好它的前景，紛紛踴躍入股。不到一個月，馬玉山就募集兩百五十萬的股本。第一次國民製糖公司開會時，人們齊聚一堂，後到的人幾乎沒有站的地方，盛況空前。

但是好景不長，董事會內部不久就因為購買機器產生意見，發生內訌。幾經斡旋，意見雖然磨平，但長年累月下來，國民製糖公司就是開不了工，而所招募的第一期股本大多也消耗殆盡。等到製糖廠建成、機器購到，已經沒有餘錢開工了。馬玉山只能登報第二次募集股本，無奈這次響應者寥寥，一家大公司犧牲了二百五十萬巨資，結果只建造一座

空工廠，留下了幾座機器，尤為可嘆。最後，馬玉山最初的糖果公司也因為經營不善，宣告關門，馬玉山逃亡香港，一去不返。購買了國民製糖公司股份的股東們，拿著一堆廢紙，群情激昂，無處維權。後來調查發現，國民製糖公司管理混亂，並把股東的血本一半裝入了馬玉山的私囊。馬玉山置洋房，造花園，奢侈無度。

在馬玉山公司鼎盛的時候，他的廣東同鄉冼冠生募集了區區五百元資本，在南市租了平房三間，製造一些陳皮話梅和小包牛肉，規模很小。幾年慘澹經營下來，冼冠生由小而大，在上海本地開設了多家店鋪，取名為「冠生園」。到民國後期，「冠生園」家喻戶曉，老幼皆知。冼冠生和馬玉山同為廣東人，一成一敗，原因何在？大凡創業的人，都要守誠信，要耐得住從小到大、從慘澹到鼎盛的經營過程。冼冠生老實經營，辛勤發展，事業終於成功。任何一個大市場、大城市，守誠信和不守誠信的人都是存在的，上海也不例外。馬玉山就是負面例子。

上海市面繁榮，發財的機會很多，林子大了，自然什麼樣的鳥都會飛來。上海市井當中難免出現一些商業欺詐和不誠信的行為。比如，全國各地都知道上海製造的商品品質好、物美價廉，知道上海商業繁榮，自然對上海的商品和商店抱有迷信。有一些騙子，就從上海向全國各地的商家、顧客寄送郵購廣告，等各地的顧客誤信，把款項匯過來以後，逃之夭夭。也有一些騙子，在上海市區內租一個門面，尚未開店，就在門口貼出紅紙，大書特書「本店定某月某日開張」，同時放話，預先銷售購物券。比如油票，市場價每塊錢可以買油五斤，他就說只要顧客提前預付一塊錢，到時在開張時，可以購得七斤油。於是，一傳十、十傳百，大家爭先恐後地去買這家商店的「油票」。等到預定開張那天，顧客們持票前去取油，不料這家店鋪雙門緊閉，先前的大紅紙也不見了，而原來的租客早已捲款潛逃，蹤影全無。這類空手套白狼的把戲，在上

海一再出現，一般貪小便宜的人，不僅常常貪不到便宜，反而被騙去了錢財。

民國時期，上海是中國、乃至遠東的金融中心。無論股票、黃金、外匯，還是保險……等，上海金融市場規模雄踞亞洲之冠。當時上海灘雲集了亞洲最大的交易所、金融監管部門、中央四大行的總部、國內排名前十的銀行總部及不計其數的保險、信託公司。此外，還有亞洲最多的國際金融機構的遠東分行——今天許多金融巨頭與老上海都有著千絲萬縷的淵源。但是，當時上海金融行業幾乎沒有門檻，一般私人募集一定資金，就可開設私人銀行。而上海中小型銀行大多為私營，一般的郵局乃至大商家，也招攬顧客進行儲蓄。因此，上海的銀行業雖然繁榮，但是險象環生。其中難免出現一些金融騙局。比如，某些郵局或商家吸收顧客存款，為了鼓勵存款，常常進行存款抽獎，甚至高額返息活動。他們承諾顧客只要存一次現款，即可月月獲得抽獎機會，滿一定年限後，連本帶息返還。因為他們吸收儲蓄的期限短，手續方便，一般貧困百姓趨之若鶩。不料，該處商家吸納存款到一定數額後，就捲款潛逃，害人無數。一些不法之徒看中銀行業門檻之低，常常開設小型銀行，空開支票，騙取貨物商品。更有一些不法之徒，利用臨時開設的銀行，專門拿著空頭支票去各處騙取貨物。收票人以為是銀行的支票，絕無空頭之弊，就盲目收用了，但到期卻發現該家銀行、錢莊已經倒閉，騙子早已逃之夭夭。因此，上海金融的繁榮是一種光明與黑暗並存，誠信與欺詐並存，充滿誘惑又極具風險的繁榮。

在看似繁榮的十里洋場中，貧困老百姓始終是人口的大多數。一般工人和市民生活艱辛，終日為了溫飽而奔波。湧入上海的大批游民當中，多數人進入勞動密集型產業做工。這些工廠大多位於現在的閘北地區。當時上海閘北地區是城鄉結合部，距離市區比較遠，且是墳墓和各

種殯葬場所的集中之處。各家工廠為了盡可能地榨取剩餘利潤，一般規定工人清晨四點半天還沒亮時，就要到工廠工作，直到下午六點半才下班休息。普通工人一天工作時間在十三個小時以上，卻只能得到六毛錢左右薪水。「一二八事變」發生後，閘北各處工廠業務清淡，薪資一律減發，工人的日薪從六毛錢降到四毛錢，後來又從四毛錢降為三毛錢。即便如此，各個工廠的門口還是人頭湧動，貧苦百姓以找到一份工作為榮。閘北的產業工人隊伍中，多數又是年輕女性。在夜色蒼茫當中，一群群的年輕女工從散布在城內的各個居所匯聚到工廠，又在萬家燈火中從工廠返回家裡。她們上班時，正是最勤勞的公雞開始鳴叫的時候；她們下班時，已經滿天星辰，經過的路旁就是座座墳墓，墳墓之間磷光閃閃，所以女工們自嘲是「雞叫做到鬼叫」。

　　除了這些女工，還有一些更辛苦的苦力。他們純粹賣力氣討生活。比如，上海郵政總局就定期僱傭苦力來搬運郵包、貨物，每天還需要僱傭臨時苦力。郵政總局所在的北蘇州路上，每天都聚集許多衣衫襤褸、蓬頭垢面的窮苦同胞，滿面愁容地站在郵局門口，希望能做一天的臨時苦力。他們探頭張望，等著郵政總局的職員出來。郵政總局招人的職員出來了，只見他把手一舉，馬上就會有一幫窮苦年輕人一擁而上，將他團團圍住。該名職員會將手中一疊號紙向空中一拋，頓時看到塵土四起，搶聲震耳，窮苦苦力們相互爭搶和踐踏，爭搶那一張張號紙。拿到號紙的人，就意味著今天能去郵局扛郵包，能拿一個或幾個小時的工錢。他們面有喜色地跑進去工作。而沒有拿到號紙的人，只好垂頭喪氣地退回路邊，再等郵局的職員出來拋號紙。臨時苦力搬運郵包的酬勞是一小時兩毛～三毛錢。如此微薄的薪資，足夠這些貧苦同胞在上海三餐果腹。如果運氣好，一天能搶到好幾次號紙，就能略有盈餘，回去接濟家裡。

這些底層工人的「居住條件更慘，他們連跟人合租的錢都拿不出，自己找空地搭建簡易房屋。今天上海天目中路以北、大統路以西，原有一塊占地 90 畝的垃圾場，民工們從家鄉運來毛竹、蘆席和竹篾，把毛竹烤彎，插在地上，搭出一個半拱形的架子，上面蓋上蘆席，用竹篾一拴，向陽的一面割出門來，地上鋪塊爛棉絮，就是一家人的住所。這種簡易窩棚俗稱『滾地龍』，高度僅到成年男子的腰部，進進出出必須彎腰。上海多雨，夏天河水上岸，家家戶戶泡在臭水之中，一時屎尿遍地，瘟疫四起。」(李開周〈民國也「蝸居」〉)

一邊是如此貧苦艱難的生活，另外一邊則是紙醉金迷的花花世界，舊上海存在極為懸殊的貧富差距。民國上海的餐廳一般是廣東風味的粵菜館，粵菜館整席菜餚價格昂貴，最上等的菜每席定價超過三百元，一般上海市民都望而卻步。最貴的菜餚單品價格就要五十元以上，菜的原料除了豬羊雞鴨等常見的肉類，還有山珍海味、奇禽異獸等貴重食材。因此，上海人常說：「富家一席酒，窮漢家半年糧」。實際上，富人家吃一桌三百元的菜餚，都已經超過底層百姓好幾年的口糧了。懸殊的貧富差距逐漸固定化，窮人越來越窮，富人越來越富，而且是靠壓迫窮人和不正當手段越來越富。不滿情緒和反抗思想，就在社會不公中逐漸醞釀、擴大。因此，舊上海也是革命的孕育地，歷次革命都能在上海巷道、工廠和鄉間找到支持者。

上海人的精明和「繃場面」

光怪陸離的迅猛發展、激烈的競爭和相對複雜的社會現狀，讓上海市民形成特殊的市井文化，形成鮮明的上海人性格。一般上海人給人的感覺就是精明、能幹，又帶有一點點的滑頭。

社會

　　由於人來人往，上海市民人際交往繁重。交際在上海人的生活中占有重要位置。人們很在意交際，且有過度「重視」的傾向，把大量時間和精力花在應酬上。加上競爭激烈，生存相對艱難，上海的社會風氣存在這樣、那樣的問題。上海市井文化有兩個值得一說的特點，第一個自然是「精明」，另外一個就是「繃場面」。

　　我們先說精明，上海人形容一個人在社會上混得好，常常說這個人「兜得轉」或是「跑得開」。民國在上海立足的人，和上中下各階層、三教九流的人都要有相當的交情，做起事來才能兜得轉、跑得開。所謂的上中下都有交情，指的是從達官貴人、社會賢達、律師、醫生，到警察、偵探、巡捕以及社會上的小混混、痞子，各個階層的人都要認識幾個，如果偶爾觸及霉頭，才不至於意外吃虧，也能發動人脈關係維護自己的利益。在上海謀生，人們無論怎麼小心謹慎、安分守法，都免不了「閒門家裡坐，禍從天上來」的是非，到那時候，才能知道人脈關係的重要。民國時期，人們常常感嘆上海灘是一個滑頭世界，全社會充滿狡猾的氣象，有滑頭本領的人張牙舞爪、耀武揚威才可以創家立業，一般人都感嘆上海人把功夫都花在滑頭上。

　　上海市民坐電車時，若戴著帽子，車窗又開著，每逢車子緩緩開始行駛，乘客頭上戴的帽子常常被車外的人順手搶走，等到乘客察覺，車已經開動，只好無奈苦笑。上海人稱之為「拋頂宮」。因此老道的上海居民坐公車，常常要把帽子摘下、拿在手裡、放在膝蓋上，讓車外的小偷無法對他們進行「拋頂宮」。可見，上海人的許多精明、滑頭和防範之心，是生活環境所造成的。

　　中國人特別喜歡講場面，愛面子、好面子，上海人尤其如此。即使家裡窮得響叮噹，妻哭子嚎、一無所有，上海人出門依然得衣冠楚楚、大搖大擺地走著。上海話說「身上綢披披，家裡沒有夜飯米」，就是這些

人的寫照。如果遇到喜事、喪事，上海人尤其不能不大肆操辦，大張鋪排，以示闊綽。他們常說：「場面攸關，不得不如此來一下。」假使這家人真的富有，擺擺場面，揮霍一下，原本也沒有什麼要緊；但如果這戶人家力量不夠，居中下層，還硬要擺場面，結果往往是做一回喜事或喪事，就會負債累累，終身難以償還。

很多人知道酷愛虛榮、繃場面，導致債臺高築並不好，但是為了在上海混下去，為了繃場面，他們也無怨言。有很多愛好場面的人，到小吃店裡吃飯，結帳的時候，一共才幾毛錢，他身上明明有零散的鈔票，但是往往要掏出一張十塊錢或五塊錢的大鈔票，讓店員找零。為什麼藏著方便的小鈔票不用，而要掏出十塊錢、五塊錢呢？因為一毛錢、一塊錢的鈔票展示不出顧客的闊綽，如果被別人看見，擔心會被看不起，從此在這家店裡就混不下去了。所以顧客寧願掏出大數目的鈔票，也不能讓店員看輕自己。這是一種繃場面的典型表現。其中有顧客為了維護自身面子的考慮，也有非常現實的考慮，就是讓自己以後能在這個地方被人看得起，能夠繼續在這裡享受到好的服務。

精明和好面子這兩個特點，是觀察民國上海市井的兩把鑰匙，這一點在上海的江湖社會、在青紅幫大老身上，展現得尤為明顯。

有人不喜歡上海人的精明、滑頭。他們可以舉出很多不喜歡的理由，我們也尊重個人的看法。可是從某一方面來說，精明的市井風氣是城市化的產物。民國上海人的精明是十里洋場飛速發展的體現。它不僅存在上海人身上，也同樣存在民國時期得到飛速發展的天津、廣州、武漢等大城市的市井之中。這些城市都在民國期間經歷了高速城市化的過程，多少有點膨脹和無可適從。人們被劇變的環境裹脅著，又不能斷然捨棄千百年來的傳統、風俗，兩相作用，被塑造出新的行為方式和思想觀念，實屬正常。推而廣之，這也是近代中國劇烈變革的表現之一。

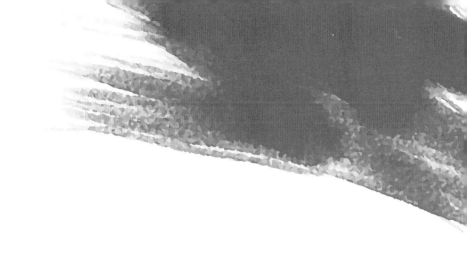

思想

進化論：中國人的新信仰

1895 年的甲午戰爭，中國慘敗。這一回，中國人不是敗給之前的西方列強，而是敗給東洋蕞爾小國日本。如此敗績，在中國社會、在知識界掀起了驚濤駭浪。在維持了幾千年的東亞政治格局和華夷觀念中，日本始終被視為中國的藩屬、中華文化的附庸。中國為什麼敗給日本，東亞格局為什麼發生天翻地覆的變化，原因何在？整個知識界都在發問。

據說，負責與日本媾和的欽差大臣李鴻章也向日本首相伊藤博文婉轉提出這個疑問。伊藤博文並沒有正面回答，而是問李鴻章：「我在英國格林威治海軍學院（後改名皇家海軍學院）留學期間，有一位中國同學『考課屢列優等』，表現總是強壓於我。這位同學名叫嚴復。不知我的這位老同學現在在貴國擔任何種要職？」李鴻章茫然不知該怎麼回答，轉身問隨員，大家都不知道嚴復是何人。伊藤博文見狀，擺擺手說：「也許，這就是日本戰勝中國的原因吧！」

伊藤博文談到的老同學嚴復，當時在天津北洋水師學堂中當個教書匠。他也正沉浸在中國慘敗引發的悲哀情緒之中。眼看國家一步步滑向屈辱的深淵、面臨被瓜分的危險，而自己也在黑暗、貧弱的大環境中鬱鬱不得志，嚴復一直就有滿腔的憂慮、思考和夢想需要傾訴。在這一年，嚴復終於拋棄之前的顧慮，不顧體制內的身分，用手裡的筆來喚醒中國人。

西方列強為什麼就是強？

幾十年前，中國人就已經開始思考中國為什麼落後西方，並經歷了從「華夷之辨」到「中西有別」的觀念變化。

在英國人用槍炮打開中國國門之前，中國人對世界的認知，基於

「華夷之辨」的基礎。華，就是中華，是先進的象徵；夷，就是蠻夷，是落後的意思。中國人自然以中華自居，自認為文化、制度優越於周邊民族和政權，有責任用中華文明來灌輸、開化周邊的蠻夷。而四夷也要學習中華文明，服從中央王朝的號令。在這樣的思想基礎上，歷朝歷代的中國政權在東亞建立了以朝貢——冊封為主要標誌的「朝貢體系」。歷史長河緩慢流淌，無論中華文化，還是傳統王朝的國力，在數千年中也確實始終處於領先地位，傲視四夷。

但是，1840 年，英國人來了！其他西方列強緊隨其後而來。一個新的參照物讓中國人眼界大開，目瞪口呆之餘，也被迫痛苦地承認：中國落後了，西方列強比中國強大！先進的中國人開始思考：西方列強為什麼比中國強？原來的「華夷之辨」思想，被現實攻擊得支離破碎，顯然失去了解釋力。魏源的《海國圖志》、徐繼畬的《瀛環志略》等作品，主動開啟故步自封的中國窗戶，讓西方之風呼呼地吹入神州大地。雖然這些作品也涉及西方近代制度和社會形態，但主要還是集中在器物文明上。比如蒸汽機是什麼樣子的？工作的原理如何？比如鋼鐵輪船為什麼不會沉沒？大砲是怎麼發射出去的？背後的物理和化學知識有哪些？中國人關注的焦點是這些，先引進中國的也是這些器物。大家都承認這些舶來的「奇技淫巧」確實好，方便、實用，大大提升生產力。於是，洋務運動興起了。上海、天津、廣州等地興建了不少近代事業，地底下的礦物也從千萬年的沉睡中醒來，被挖掘出來。

洋務運動從 19 世紀中葉興起，官民人等都投身其中。慈禧、曾國藩、李鴻章等實權人物的支持，讓這場運動轟轟烈烈，喧囂一時。運動向西方學習，指導思想，是知識分子型官僚張之洞提出的「中學為體，西學為用」。他用「中」和「西」代替「華」和「夷」。此前，中華傲視四夷，四夷服侍中華，如今強弱易位，人們都普遍承認西方強過中國。

但中國知識界在內心做了保留，僅僅承認西方器物文明的優越，固執地堅持中國制度、思想的優越性，並不認為西方制度和思想先進。支撐中國社會幾千年的儒家文化和制度，才是最先進的。那麼，中國就沒有必要引進西方的制度文明，只要透過洋務運動照搬西方器物，就能實現中國的復興。

但是，幾十年洋務運動的成果，在中日甲午戰爭中一敗塗地，標誌著整場運動的最後失敗。它刺破了「中西」之分的思想體系。嚴復就不認同「中學為體，西學為用」的觀念，還對此作了尖銳的批判，認為牛體不可為馬用，「未聞以牛為體，以馬為用者也」。嚴復根據自身留學西方、觀察英法社會的經歷，認為西方富強的奧祕不在船堅炮利，而在於「自由」、「民主」。制度文明比器物文明更重要。但是，西方社會、西方的制度為什麼就比中國優越呢？中西方又是如何發展到今日這一步的呢？中國人退回到之前的問題面前。

嚴復即將對這個命題作出令人信服的解釋。近代思想的流淌、個人經歷和觀察思考，讓嚴復做好了解答的準備。

嚴復，1854 年出生在福州一戶普通人家。他原本想走科舉當官的道路，但 12 歲時父親的突然病故，讓家境轉入貧困，無力供他讀書應考的昂貴成本。嚴復只得另走他路。剛剛興盛起來的洋務運動，將小小的嚴復裹挾了進來。13 歲的嚴復，進入洋務派創辦的福州馬尾船廠附設船政學堂，學習西方知識。當時社會以讀書科舉為正途，歧視學習西方技術的人，認為他們是異途的工匠。富貴人家幾乎不送子弟入讀西式學堂，於是這類學堂中坐滿了像嚴復這樣的貧寒子弟。嚴復在船政學堂畢業後，又被派往英國學習海軍。留學期間，他研讀許多西方哲學、社會科學著作，近距離觀察了西方社會的運轉。融合中西方的系統教育和領先走出國門的經歷，為嚴復日後的思想成就奠定了基礎。

　　1879 年，25 歲的嚴復學成歸國教書，其中在天津北洋水師學堂任職近 20 年。因為沒有科舉功名，又沒有家庭背景，嚴復並不受當局重視，仕途不順，最高也就當了學堂的總辦（校長）。為了考取功名不受歧視，嚴復連續三次參加鄉試，但每次都名落孫山，不得不花錢捐了一個同知（五品銜的中級官員）。甲午戰爭噩耗傳來後，嚴復斷絕了科舉考試的念頭，覺得有比個人前途更重要的事情需要去做。那就是向同胞們吶喊，加入知識界救亡求強的探索中。

　　從 1895 年開始，嚴復陸續發表了〈論世變之亟〉、〈救亡決論〉、〈原強〉及〈辟韓〉四篇文章，疾呼中國必須改革，對現存的專制體制作了尖銳的批判。嚴復認為從秦朝以來，「為中國之君者」都是竊國大盜，「君臣之倫，蓋出於不得已也」，從根本上否定了傳統的政治制度。他知道，這些文章有「破」無「立」，並不能從思想根源上觸動中國人，不能說服中國在根本上奮起改革。於是，嚴復決定從理論入手，引進西方政治思想。他所選擇的，就是當時風靡英倫的進化論。

嚴復為什麼要「編譯」進化論？

　　在嚴復看來，進化論恰好解釋了西方為什麼強大，可以喚起中國人改革的迫切願望。

　　進化論由達爾文（Charles Robert Darwin）創立，基本觀點是：自然界的生物並非一成不變，而是遵循著由低級到高級的規律不斷進化的。進化的原因是天擇，適應環境的生物主動進化，得以生存；不適應的抱殘守缺，直至滅亡。現存的自然界，是進化的結果。這套理論在打破西方中世紀宗教思想禁錮方面，造成了匕首和投槍的作用。

　　隨著西方資本主義的迅猛發展，進化論開始衝破生物學界，被

引入人類社會。其中的代表，就是英國社會學家斯賓塞（Herbert Spencer），他用進化論來解釋人類社會發展，認為人類社會也遵循和自然界相同的進化規律。先進的「新」事物必將淘汰「舊」事物，前者必然比後者強大。遺憾的是，這樣的邏輯延伸很容易導向「弱肉強食」的結論，為進入帝國主義階段的西方列強侵略提供了某種理論依據。於是就有學者批評廣義上的進化論觀點，批評它是「社會達爾文主義」。社會達爾文主義在西方引起了長期的激烈爭論和反對，其中重要的一點是認為這種理論支持強者消滅弱者，是不道德的。

在圍繞進化論的爭論當中，英國博物學家赫胥黎（Thomas Henry Huxley，1825～1895）堅定地站在達爾文這邊，自稱為「達爾文的鬥犬」，在爭論中引入了倫理道德來修改進化論的不足。1893年，68歲高齡的赫胥黎應邀到牛津大學舉辦一場有關進化的演講，著重講述宇宙演化過程中的自然力量與倫理力量的相互關係。他的講稿經過整理後，以Evolution and Ethics and other Essays 的名字出版，書名直譯過來就是《進化論與倫理學以及其他文章》。

赫胥黎這本新書的基本觀點是：生物是不斷進化的，不是萬古不滅，進化的原因在於「物競天擇」。「物競」就是生存競爭，「天擇」就是自然選擇。赫胥黎贊同進化原理同樣適用於人類社會，但是認為人類是有智慧、講倫理的生物，不能簡單適應於俗的進化論。人類文明中生存下來的人們都是「倫理上」最優秀的人。所以，在社會演化中，人們正確的做法應該是強者自我約束，幫助弱者。這樣，赫胥黎在捍衛達爾文的同時，發展了進化思想。

之前，中國人對進化論還聞所未聞。嚴復便選定赫胥黎的新作，認為此書「於自強保種之事，反覆三致意焉」，決心引進中國來表達自己的憂慮，鼓吹變革。

赫胥黎作品原名是《進化論與倫理學》，重點放在「倫理」兩個字上。原著強調倫理道德在進化過程中的作用。但是嚴復在翻譯時，只取原書前半部分的「進化論」，刪除了後半部分「倫理學」。不僅如此，嚴復的翻譯不是直譯，而是「意譯」，用文言文大致勾勒赫胥黎的思想。有時為了表達清楚原著的意思，乾脆發揮自己的想法，在文中加入不少原文沒有的語句，且做了評論。他將原書的導論分為 18 篇，正文分為 17 篇，分別冠以篇名，並在其中 28 篇加了按語。全書譯文約 9 萬字。翻譯完成後，嚴復定書名為《天演論》。

嚴復為什麼不忠於原著，而要「編譯」呢？

首先，進化論作為一個在中國嶄新的理論，嚴復也許覺得解釋清楚它的本意，遠比兼及從進化論衍生而來的理論動向和爭論更重要。為了突出進化論，嚴復刪除了後面的倫理道德內容。

其次，嚴復這麼做是現實的需求，是鼓動變革的需要。

赫胥黎本人是反對社會達爾文主義的，反對將進化論庸俗地擴大化。他的原著對斯賓塞的理論持保留態度。但是嚴復是贊成社會達爾文主義的，思想傾向斯賓塞。他在譯文中明確寫道：「赫胥黎執其末以齊其本，此其言群理所以不若斯賓塞之密也。」在導言和按語中，嚴復不時地用斯賓塞的理論來反對赫胥黎強調的倫理道德。因為在殘酷的中國國情面前，嚴復認為社會達爾文主義是中國所亟需的，可以當作鼓吹變革的號角，像鞭子一樣抽向人們麻木的思想。因為中國人已經承認「中」不如「西」，自認處於弱者的地位——按照進化論分析，當時的清朝顯然是「不適應者」。不適應就要退化，要滅亡。這是多麼冷酷的事實！要生存，中國人就必須奮起努力，拯救國家。

怎麼拯救國家呢？嚴復顯然不認同要求西方列強「講道德」、「顧倫理」的赫胥黎主張（那是強者站在自己立場上錦上添花的呼喊），而是疾

呼同胞們臥薪嘗膽、奮起圖強。好在，進化論同樣為不適應者指明了前進的方向：主動去適應環境，主動去改變自己。嚴復就在《天演論》中提出，人的努力、奮鬥、變革可以「與天爭勝」，扭轉不利局面。所以，中國並不一定會滅亡，只要同胞們主動進化（變革圖強），就能避免「亡國滅種」的悲劇。

《天演論》在近代思想演變軌跡上，明確告訴中國人，西方之所以比中國強大，是進化的結果。他們長期適應變化的環境，主動發展。其潛臺詞是批評中國千百年來的自滿、自大，批評之前幾十年求富、求強運動並不是正確的進化方向。好在進化是一個過程，而不是凝固的點。中、西方的優劣勢，並不是一成不變的。嚴復告訴中國人，只要中國奮起直追，就能夠實現國家復興、民族富強。剛打敗中國的日本，之前就進行了明治維新，由弱轉強，是一個非常好的例子。

從此，中國人的思想觀念中多了一則內容、一抹色彩：進化。進化論將中國人對世界和社會的認知，從「中西」之分提到「新舊」對比的階段。進化的，就是不斷求「新」；消極自滿的，就是守「舊」，是要被淘汰掉的，所以「新」比「舊」更好。理論和現實都表明，「西」就是「新」，所以比「舊」的「中」要優越、要強大。

「有用」導向下的為我所用

《天演論》譯稿完成後，最初在知識分子間流傳。它契合甲午戰爭之後中國社會維新變法的思潮，影響越來越大。隨著維新變法運動漸達高潮，1898 年《天演論》單行本以「慎始基齋叢書」名義正式出版。

《天演論》一出，「近代中國思想界的風潮竟為之一變」。「物競天擇」、「適者生存」、「進化」、「淘汰」等名詞很快成為報紙文章的熱門

話語，風行全國。知識分子和愛國志士更將此作為口頭禪。譚嗣同在看到有關進化論的文章後，向人推薦「好極，好極」；梁啟超讀完譯稿後，將進化論消化吸收，作為自己的理論根據；自視甚高的康有為看到手稿，也不得不承認：「眼中未見此等人。」革命黨人也承認：「自嚴氏之書出，而物競天擇之理，犂然當於人心，中國民氣為之一變。」《天演論》還進入普通百姓家庭，甚至做一些學堂的教科書。比如魯迅年輕時，一有空閒就捧著《天演論》研讀。胡適則回憶自己在學堂讀書時，國文老師用刪節的嚴復譯本《天演論》做教科書，「這是我第一次讀《天演論》，高興得很。他（老師）出的作文題目是『物競天擇，適者生存，試申其義』。這種題目當然不是我們十幾歲小孩子能發揮的，但讀《天演論》，做『物競天擇』的文章，都可以代表那個時代的風氣。」

胡適原名胡洪騂，深受《天演論》影響，而決定改名為「胡適」，字「適之」。這裡的「適」，取的就是「適者生存」的意思。以此幫孩子取名或改名的現象，還不止胡適這個例子。社會上原先以「西」字命名的不少事物，紛紛改用「新」字，比如「西學」改為「新學」、近代陸軍定名「新軍」等，幾年後朝廷學習西方進行的改革，也定名為「新政」。

據說光緒皇帝也讀了《天演論》，讀後專門在紫禁城召見了嚴復。君臣二人就進化一事問答三刻鐘。這是 1898 年的事情。也就是在這一年，光緒皇帝為了變法圖強，發動了百日維新，不想以失敗告終。嚴復之前高興地看到譯作《天演論》在維新變法大潮中推波助瀾。變法運動失敗後，他一度悲憤心冷。讓他欣慰的是，《天演論》的影響並沒有因為變法運動的失敗而降低，而是繼續激勵著之後的中國人埋首其中，為國家奮鬥。

1900 年，八國聯軍進占北京。47 歲的嚴復離開天津北洋水師學堂，避往上海，從此開始過著奔波南北、到處求食的漂泊生活。在顛沛流離

之中，嚴復堅持致力譯著，先後翻譯出版《原富》、斯賓塞的《群學肄言》、穆勒（John Stuart Mill，今譯密爾）的《群己權界論》、孟德斯鳩的《法意》。

在後期，嚴復將眼光從西方政治文明轉回中國傳統文明，立場趨向保守。對於辛亥革命，嚴復抱著敵視態度。南北議和後，嚴復入選北方和談代表團（這主要得益於他在北洋水師學堂當過黎元洪的老師）。代表團其他人都剪了辮子，嚴復卻固執地拖著一條大辮子。他的思想開始從「西」回到「中」，對中國傳統思想大唱讚歌，而對早年大力推薦的西學，持日益強烈的批判態度。此後，嚴復在 1912 年擔任改名後的第一任北京大學校長，又任袁世凱總統府顧問。他支持袁世凱復辟帝制，帶頭列名為孔教會的發起人之一，鼓吹尊孔祀孔；又發起成立「籌安會」，是擁戴袁世凱稱帝的「籌安六君子」之一。

對於嚴復的保守「退步」，有人為尊者諱，不願提及；有人為嚴復「晚節不保」而嘆息；更多的人則不能理解嚴復的思想轉變。少有人知的是，嚴復思想轉變的線索早在他「編譯」《天演論》的時候就埋下了。

嚴復那一代憂國憂民的知識分子，迫切希望能找到救國圖強的鑰匙，找到國家發展的道路和富強的工具。他們的思想罩著一盞「有用」的燈，遇事多追求效能、追求實利。他們救國心切，在「有用」的指引下，西方列強是明確的、可以模仿的參照物。但是中國學習西方後，尤其是辛亥革命之後，並沒有富強起來，西方制度移植到中國並沒有盛開出鮮花。相反，民國建立後，中國貧弱動盪依舊，很多方面甚至不如清末。嚴復目睹這一切，不得不反思西方學說。尤其是歐洲列強在 20 世紀初出現的對抗態勢，和 1914 年爆發的第一次世界大戰，更讓嚴復認為：「歐洲三百年科學，盡作驅禽食肉看。」（同一時期，梁啟超等人也意識到西方文明的缺點。）反思的結果是，嚴復認為中國的聖賢學說和傳統

政治制度，可能更是救國濟世的「最富礦藏」。

　　嚴復的思想轉變並不是孤立的行為。談到民國時期思潮時，我們會發現許多他的同道，有人像嚴復一樣從西轉回到東，也有人一開始就認為西方社會形態、政治制度需要建立在一定的社會基礎上，而中國不具備移植西方形態的基礎。比如在「革命與保皇」之爭中，康梁一派的基本觀點之一，就是中國社會尚不具備移植西式民主共和的基礎，傳統政治制度相比還是好的。類似的思想轉變和爭辯，貫穿民國時期。

　　先進知識分子的這種追求效用的迫切思想，在一般中國人思想中也有所展現。我們觀察民國時期兩則社會風波，就能看到此種思想傾向的存在。

　　比如 1928 年的「中醫存廢」風波。當時國民政府的衛生部和西醫團體，大力鼓吹廢除中醫。為了爭取輿論支持，西醫們自稱是「新醫」，將中醫稱為「舊醫」——這裡就有進化觀念中的「新舊」認知慣性發揮的作用。中醫們奮起反抗，自稱是「國醫」，而將西醫稱為「洋醫」——這樣就跳出了「新舊」之爭，跳脫出進化論的批判體系，還有利於爭取民族主義情緒的支持。但是，最後讓中醫行業繼續生存的主要原因，還是中醫們抓住了「有用」的救命稻草。中醫能治好病人，療效是實實在在、有目共睹的；讓西醫們難堪的是，部分西方醫學束手無策的病例，就是被中醫治好的。所以中醫的「效用」雖然不能用現代物理、化學來精確描述，卻是誰也無法否認的。最終，中醫生存了下來，中醫大夫們也紛紛在醫館門口掛上「國醫館」的牌子。

　　還有一個例子是民國初期，《長沙日報》刊登了一名男子對唐群英女士的愛慕廣告。唐群英大怒，帶人到報館要求懲罰相關職員、報館賠禮道歉。報館認為事關言論自由，且報館對廣告不附帶責任，拒絕唐的要求。在這裡，報館有理在身。而唐群英認為事關自己的「貞節」、損傷

家族名譽，這都是舊觀念，比不上報館的義正詞嚴。協商不成，唐群英只得將報館打砸來洩憤。有人可能以為唐群英是舊式觀念濃厚的女性，其實恰恰相反。唐群英是民國初期著名的女革命黨人，國民黨的元老人物。她很早投身革命，鼓吹女權主義，是典型的「新新女性」。臨時參議院因為對「男女平等」申訴不夠，唐群英帶人砸了參議院的玻璃；在國民黨成立大會上，唐群英因為主持成立事宜的宋教仁在黨章中刪除「男女平等」的訴求，上臺當眾打了宋教仁一記耳光，臨時參議院議長林森上臺勸架，不幸也挨了她一記耳光（也有說法說林森跑得快，躲過了）。為什麼站在時代潮流前列的唐群英，會因為「貞節有汙」而找報館理論呢？這只能說明在涉及切身利益時，中國人會自動選擇對自己有利的理論、觀念──唐群英當時寡居在家，可能特別在意愛慕廣告。這也說明現代觀念在中國真正的生根發芽，需要承受漫長的時間和考驗。

嚴復雖然引進了進化思想，卻不能將中國陳腐的思想拔根而起、一掃而光，畢竟進化是需要漫長過程的。

袁世凱復辟帝制失敗後，嚴復的處境頗為淒涼，於 1921 年在家鄉福州病逝。

《天演論》引發了清末民國時期諸多西方政治、社會思想的翻譯、引進潮流。但在諸多同類作品中，《天演論》始終是銷量和影響最大的作品。嚴復成功地將原著「為己所用」，結合現實，引導讀者奮發圖強。這部原本反對社會達爾文主義的書；原本是西方列強內部反對弱肉強食的聲音，在近代中國語境中，被改造成為弱者觀察國際社會的工具、鞭策弱者前進的武器。從這個案例中，我們似乎也能管窺清末和民國時期社會思潮的基本脈絡。

大學：中國教育的變與不變

　　民國元年（1912 年），從西漢太學起源而來，歷經明清國子監變遷的京師大學堂，改名為北京大學。北京大學剝離了「官學時代」附著身上的教育行政管理職能，瘦身為純粹的高等學堂。現代意義上的大學制度開始降臨中國大地。

　　在這一年，一個教育事業大放異彩、迅猛發展的時代序幕開啟了！今日的人們回顧這個時期，往往對期間鮮花怒放般的報刊和特立獨行的知識分子讚不絕口，尤其是對民國大學心嚮往之。很多人在民國大學之上寄託了自己對教育文化事業的理想，附著了許多似是而非的光芒。本章就關注民國大學到底有多好，知識分子到底有多屬害，其中有多少光芒是真實的，又有多少光芒是後人臆度的？民國期間，現代大學如雨後春筍般湧現，知識分子競相湧入，兩者融合，塑造了不少世界級的、如今保持近百年聲譽的名校。老牌的如北京大學、清華大學；新興的如中央大學、武大、浙大、中山、交大；此外還有協和、廈大、南開、燕京、金陵、聖約翰等私立和教會大學。後人熟知的許多教育制度和做法，都可以追溯到民國大學。比如早在 1912 年新成立的教育部，就明確規定中國實行免費義務教育，大大降低讀書的成本。對那些仍然承擔不起低廉費用的貧寒學子，民國還實行免費師範教育。各級師範學校向學生免費開放，接收很多貧寒學生，給他們難得的教育機會。還有一些制度和做法，則消失在歲月的流逝之中。比如民國大學並沒有統一的入學考試，各校自行舉辦，這就不會「一考定終身」，可以給學生更大的選擇權；民國大學人事自由，師生來去自如，學生轉系、教師換校，都很自由，可以根據愛好和實際情況選擇。許多知名學者在多家大學任教過，或者同時在多所兼職，結果很多學生畢業後，驚喜地發現自己「同

門滿天下」。

　　和民國時期其他事物的變革軌跡一樣，大學也平衡「變」與「不變」之間，既有對西方辦學思想的學習，也有對尊師重道傳統的繼承，既堅持學術自由和獨立，也難免公權力的侵蝕。短短幾十年中，民國大學和知識分子在動盪和安寧的交替、在堅守與妥協的權衡下，上演了多場精彩的劇目。

民國大學像天堂

　　民國早期，江蘇無錫少年徐鑄成來到清華大學求學。儘管也算是來自富庶之鄉的子弟，徐鑄成依然被清華大學富麗、寬裕的生活震驚了：

　　「（清華大學）大禮堂、圖書館的地板是軟木鋪的，藏書樓的隔板是透明的，各大樓的廁所全是各色大理石隔開的抽水馬桶，成卷的美國彩色手紙。建築物前和綠蔭深處，到處裝有淙淙流水的設備，可以張口解渴。宿舍是三人一間，大約三十平方公尺一大間，鋼絲床，寫字臺椅，還各有一個書架。在（無錫）師範時，衣服被褥全是自己手洗，即使在隆冬，也只能用手汲的冷水。而在這裡，每人發兩個口袋，早晨，把所有該洗的塞進一個口袋，扔在房外，第二天就被洗乾淨、熨平、疊好放在床上了。飯菜是四大盤、一大碗，外加兩小碟，米飯、白麵饅頭；早餐也總是白粥加點心、小菜，有些富裕的同學，故意遲到，另花一毛錢，就可以吃到一碗鮮湯水餃。總之，在我看來，天堂般的環境，神仙般的生活。」（徐鑄成《報海舊聞》）

　　當饑荒、貧困還普遍存在中國，很多同胞還要為一日三餐擔憂時，吃著鮮湯水餃、還有專人伺候洗衣的清華大學生們，無疑是在天堂裡過著神仙般的生活了。與清華齊名的北京大學，伙食似乎更好。到了午飯

時間，食堂裡都擺上流水席，六人一席，人來齊一桌，就先開一席，一般要上六菜一湯，饅頭、米飯隨便吃。是不是很羨慕啊？如果告訴你，當時北大的伙食是免費的，你是不是更羨慕呢？

在民國上大學，不僅能享受伙食補貼，而且免學雜費。如果你上學仍然有困難，還可以申請救濟金──當時的救濟金是無償的，不需要學生償還。所需經費都由國家和地方政府承擔。民國政府投入大筆資金來支持教育，即便是在抗戰最艱苦的時候，也不忘資助流亡後方的學校和師生們。

「國家辦教育」是民國的一大國策，而且標準相當高。1946 年國民政府制定的《教育憲法》規定：「教育、科學、文化之經費，在中央不得少於其預算總額 15%，在省不得少於其預算總額 25%，在市、縣不得少於其預算總額 35%，其依法設置之教育文化基金及產業，應予保障。」奉系軍閥首領張作霖盤踞東北時，給東三省規定的教育經費比例更高。他訓令各縣，要求每年的教育經費占全縣歲出總數的 40%。這是張大帥的要求，哪個縣長做不到，就下臺。得益於教育，東三省後來居上，從清朝時候的文化相對落後地區，一躍成為民國時期的文化發達地區。

各級政府給了學校大量撥款，卻並不直接管理學校，而是給學校相當大的自主權，自由發展，這點難能可貴。民國各級學校都由職業教師、學者管理，環境自由，人事寬鬆。學有所長的人經引薦或自己找上門，學校覺得此人能夠勝任，就可以錄用他教書。一些沒有文憑，但有水準的人，比如魯迅、王國維、錢穆等，就被大學錄用，成為一代名師。魯迅好歹留學過日本，雖然最終沒有學位，但還算是喝過洋墨水的；王國維也去過日本，但那是因為政治原因而去的；錢穆則壓根沒進過高等學堂，是鄉間舊式教育培養出來的文史大師。這三人放在「唯學歷」的時代，恐怕都會被高校拒之門外。

思想

　　蔡元培擔任北京大學校長時，北大獲得長足發展，奠定了頂尖名校的基礎。他的許多教育思想和做法，超越北大範圍，被民國大學普遍採納。蔡元培的北大遺產主要有二：第一是「兼容並包」的胸襟，凡事以學術為關鍵標準，以學校發展為根本宗旨。他聘任教職人員時，只要符合標準，無論新派、舊派，均禮賢下聘。鼓吹復辟的辜鴻銘、「籌安會」發起人劉師培、鼓吹革命的陳獨秀等人，都被蔡元培禮聘到校任教。於是，拖著辮子講古文的人，和西裝革履、主張全盤西化的人共事，學生們上一節課剛聽完尊儒敬孔，下一節課就去聽「打倒孔家店」。第二是自由辦學、獨立辦學的思想。蔡元培時期的北大非常自由，學術研究空前繁榮，但也遭遇不少非議，甚至是打擊。蔡元培都撐住了。他手持的武器就是「學校應該是自由和獨立的」，且得到社會各界的尊重。於是，北大發展出教授治校、自由辦學等傳統，為其他學校所仿傚。

　　在民國大學任教，只要有真才實學，是一件相當愜意的事情。一般教師晉升到教授，不超過 10 年，因此大部分教師在 35 歲左右都成為教授；學有專長或者留洋歸國的博士，還能夠破格晉升為教授。比如徐寶璜被聘為教授時年僅 25 歲、朱家驊 26 歲、胡適 28 歲，梁漱溟在 24 歲就當上教授，而且還沒有大學學歷。35 歲左右正是人的學術黃金時期，多麼需要一個廣闊的平臺。現在許多同齡學者還在為職稱付出無謂的犧牲和消耗時，民國的年輕教授們已經開始自由發揮、自由馳騁了。這要感謝民國大學寬鬆的人事制度，各校都勇於唯才是用、破格用人。民國教授生活晉升壓力不大，可以一心一意做學問。

　　天堂裡自然沒有金錢的憂患。民國大學教師們待遇優厚，是一個需要濃墨重彩描述的話題。民國初年，大學教授的月薪接近 300 銀元，講師月薪也在 100 銀元以上。20 年代初，郁達夫在北京擔任經濟學講師，月薪 117 銀元，他就嫌少，發了不少牢騷。1927 年公布的《大學教員

資格條例》規定，大學教員的月薪，教授為 400～600 銀元，副教授 260～400 銀元，講師 160～260 銀元，助教 100～160 銀元。教授最高月薪 600 銀元，與國民政府部長大致相當。到 30 年代初，大中小學教師的平均月薪分別為 220 銀元、120 銀元和 30 銀元。這是什麼意思呢？當時，普通警察的月薪是 4 銀元，縣長一個月 20 銀元。一個四、五口人的民國普通家庭，一年收入大約在 50 銀元左右，折合月收入大概是 4 銀元。而一個大學講師的收入是普通人一家收入的 20～30 倍。

按照實際購買力衡量，知識分子的收入更加可觀了。當時，北京城內一座有 8～10 間房的四合院，每月房租在 20 銀元左右；一間 20 平方公尺的單身宿舍，月租金 4、5 元；京城一般飯店包伙，每月 10 元錢出頭，每頓都是四菜一湯的標準；當時涮羊肉一席只要 1 元錢。所以，僅憑一個大學教師的收入，完全可以支持一個四、五口人家在北京過上小康生活了。

當年，魯迅就依靠自己的收入，在北京買了房、接來紹興老家的母親和髮妻，又僱了傭人，安居樂業好多年。魯迅所購買的西三條胡同 21 號四合院（今魯迅故居），有好幾間房屋和一個小花園，售價 1,000 元。他家僱的女傭，每月包食宿，給薪資 2、3 元；他出入乘坐人力車，在北京城裡跑一圈只要 1 角錢車費，即便包車，每月也只要 10 元。魯迅壓力最大的時候，供養了不止 10 口人，依然能夠支撐，而且還經常和郁達夫、許壽裳等好友出去聚餐。當時的一般飯館，一桌「便席」只要 2 元錢，菜單有：(1) 四冷菜：四個裝滿燻魚、醬肉、香腸、松花蛋的拼盤，每盤 5 分；(2) 四炒菜：如熘里脊、魚香肉片、辣子雞丁、炒牛肉絲等，每大盤 1 角；(3) 四大碗：多為米粉肉、四喜丸子、紅燒魚塊、扣肉等，每碗 2 角；(4) 一大件：一個紅燒肘子，或一整隻白煮雞，加一大海碗肉湯，合 6 角。這一桌菜相當豐盛，十個人都吃不完；平均每

人花費 2 角錢。（以上數據皆據陳明遠著《何以為生》第 11 頁）

更何況，知識分子除了薪資收入外，還有其他收入。民國時期，報刊繁榮，讀書人寫作投稿，「潤筆」不菲。1921 年魯迅和周作人兄弟倆替商務印書館翻譯小說，稿酬每千字 5 塊銀元。同時期，留美歸來、又是北大教授的胡適，投稿給商務印書館，每千字稿酬 6 塊銀元，同時連空格和空行也計算為字數。而更有名的蔡元培的稿酬，則是每千字 7 塊銀元，且題材和內容由蔡元培自定。蔡元培遊學德國、法國時，是辭去公職沒有收入的，而且還有一大家子需要供養，但他還是坦然留洋而去，一去就是好幾年，收入何來？在國外寫稿發回國內，靠稿費留洋，並供養一大家子。此情此景，在今天的作者看來，彷彿天方夜譚。

1930 年，青年學生吳晗的一篇課程論文〈西漢經濟狀況〉，得到胡適的賞識，被推薦發表，吳晗因此得到 80 元稿費。這筆稿費，相當於普通人家一年的收入。

圖書出版收入也是知識分子的一項重要經濟來源。魯迅的最後十年居住在上海，辭去了公職和教職，沒有固定收入，只能「賣字維生」，依靠版稅和稿酬生活。他每月收入在 500 元以上，生活品質非但沒有下降，還比之前更寬裕。當時出版行情是這樣的：亞東圖書館出版胡適的著作，支付的版稅一律為 15%；新月社爭取到胡適的作品後，請胡適「自定版稅」，胡適定的標準是：初版 15%，再版 20%。魯迅是「暢銷書作家」，他的作品大多交給北新書局出版，版稅一律為 20%。來上海不久，魯迅發現北新書局剋扣版稅，「關起門來」談判，北新書局承認「拖欠」了兩萬元版稅。由此可見僅版稅一項，魯迅的收入就相當可觀。民國十里洋場供養著龐大的「自由撰稿人」群體，包括茅盾、巴金、老舍、田漢、曹禺、丁玲、沈從文、柔石等人，無論題材如何、觀點左右，都能自食其力。

　　有了政府大額的撥款和寬鬆自由的工作氛圍，又有豐厚的收入，大學教師們所缺少的，就是後顧之憂了。民國前期，大學教授一般都住在小洋樓，坐著小包車，享受富裕階層的生活，從事人類最美好的事業之一：教書育人、寫作遊學、創造和傳承思想。

　　需要指出的是，民國大學有國立大學（如北京大學、中央大學等）、私立大學（如南開大學、廈門大學等）、教會大學（如燕京大學、聖約翰大學等）之分。國家撥款的對象主要是國立大學，但私立大學和教會大學也能分享部分國家撥款。民國政府雖然允許辦學主體多樣化，但對各類學校一視同仁，對運轉出現問題的其他學校，也會出手相助。

　　私立大學的命運，全在教學品質的好壞，教學出色的學校，報考的人就多，所以他們的獨立辦學和自由姿態，絲毫不遜色於國立大學，更沒有淪為資本家和財團的附庸。富豪們也熱衷向大學捐款，甚至連杜月笙這樣的幫會老大，也捐款助學。捐了錢，他們就掛名董事或顧問，並不參與管理，大權照樣委託給職業教師和學者。「金主」們最多就是給校長塞紙條，要求錄取相關人等，不過考慮到學校是他們出錢辦的，錄取這些人，似乎也無可厚非。教會大學，因為有外國資本的支持，直接採納外國教學思想和制度，資金和獨立性就更有保證了。

　　所以，不管大學性質如何，內部情況大抵相同，師生們照樣彷彿生活在天堂。張鳴在《五光十色看民國》中說：「教授和學生感覺也好，但凡提得起的大學，無論國立、私立還是教會大學，個個像樣，大學自治，教授治校，學術自由。他們覺得校長不像話，立刻就可以起鬨驅逐。一當教授，就算是總統來了，也可以不理不睬，在課堂上愛怎麼講，就怎麼講，從不擔心因為學術以外的原因被開除。」

教授為什麼那麼厲害？

說到民國大學裡的厲害人物，第一個要說的是北大教授辜鴻銘。

辜鴻銘有很多綽號，最有名的可能是「辮子教授」。當時已經是民國了，辜鴻銘還堅持穿長袍，頭頂瓜皮小帽，腦後拖著辮子出入大庭廣眾之間。辜鴻銘第一次拖著辮子走進大學課堂，引起學生們哄堂大笑。辜鴻銘平靜地說：「我頭上的辮子是有形的，你們心中的辮子卻是無形的。」頓時震服了滿堂北大學子。

辜鴻銘的第二個綽號是「罵人教授」。當時外國人在中國趾高氣揚，感覺高人一等，北大的一些外國教授，也沾染這些問題。辜鴻銘偏偏要殺殺這些人的銳氣。他從小在英國讀書，精通英、法、德、拉丁、希臘等語言。於是，辜鴻銘見到英國教授，就用倫敦腔罵他；見到美國教授，就用美式英語罵他；見到德國的教授，就用德語罵他，把北大的外國教授都罵個遍。有時用對方的母語罵完，他還會換另一種外語接著罵。最後，北大的外籍教師看到辜鴻銘都會繞道。

辜鴻銘的第三個綽號是褒義的「國學教授」。他出生在馬來西亞，於歐洲接受系統教育，精通西學，擁有西方多所大學的學位（據說還包括德國的土木工程學位），但是他偏偏堅決抵制民國早期普遍存在的「全盤西化」思潮。辜鴻銘的思想最終回歸到儒家的軌道上，斥責西方為「四夷之邦」，為中華文化和中國人鼓吹吶喊。他在東交民巷用英語跟外國人講「春秋大義」，還賣票，一張票兩塊錢，比梅蘭芳的戲票還貴。即便如此，西方人還搶著去聽他的講座，甚至有「到中國可以不看紫禁城，不可不看辜鴻銘」的說法。

辜鴻銘的「怪」，還展現在藐視權力、高調地和權力採取不合作姿

態。1919 年蔡元培受五四學潮的影響，承受很大壓力，萌生退意。北大教授們開會討論挽留蔡元培校長，大家都表示贊成，辜鴻銘也主張挽留，但理由卻是：「校長是我們學校的皇帝，非得挽留不可。」袁世凱執政時，辜鴻銘罵袁世凱。袁世凱死後，北京當局禁止在致哀期間娛樂，辜鴻銘卻在家中請來戲班，大宴賓客，慶祝袁世凱一命嗚呼。北洋軍閥各派都想拉攏辜鴻銘，某次有人參選議員，送來 400 元「投票費」，請辜鴻銘投自己一票，辜鴻銘轉手全送給天津名妓「一枝花」，在天津玩到投票結束才回來。事後，議員怪辜鴻銘言而無信，辜鴻銘順手拿起西式手杖就打，硬生生把那人打得落荒而逃。

某次在政客和名流雲集的宴會上，有位外國記者採訪辜鴻銘：「中國政局如此混亂，有什麼方法可以補救？」辜鴻銘不假思索地說：「方法很簡單，把現在所有在座的政客和官僚，通通拉出去槍斃，中國政局就會安定些！」

辜鴻銘對權力的蔑視和捉弄，在當時知識分子看來，並不為過，而且是一種「時尚」。自由和獨立不僅是辦學思想，還是多數知識分子的行為準則。一些著名教授，寧願在學校教書，也謝絕官職，不願去當廳長、部長。這裡面有留戀學校優裕生活、自由氛圍的因素，更有對當官從政的排斥，展現出獨立姿態。

蔣中正兼任中央大學校長時，中大的大多數師生們並不買「校長」的帳。一天，蔣中正在百忙之中撥冗來校「視事」，隨從人員精心布置了會議室，擺上各式點心、牛奶、咖啡，預備辦一場誠摯而熱烈的座談。時間到了，會議室裡除了蔣中正及其隨從人員，見不到一個教師和學生。師生們該上課的上課，該讀書的讀書，都各忙各的，不把蔣中正當一回事。蔣中正回想自己當年在黃埔軍校當校長的時候，令行禁止，師生們可聽話了，哪像中央大學這樣？他氣得直哆嗦，大罵中大的教授不

像教授、學生不像學生。蔣中正不知道，黃埔軍校的師生其實是軍人，中央大學的師生是文人。文人如果沒有清風和傲骨，都變成「以服從命令為天職」的軍人，那還要大學做什麼？乾脆都改造成兵營算了！

數學家熊慶來在雲南大學擔任校長時不徇私情，面對高官的威逼利誘也泰然處之。一次，「雲南王」龍雲的親信陳夢安提著禮物登門拜訪，為自己的侄子向熊慶來求情，希望能夠錄取。熊慶來明確回絕：「招生由招生部門全權負責，我絕不過問，陳先生請回吧！」

另一個可能有點極端的例子，發生在中國國學大師劉文典身上。劉文典學問高，但恃才傲物，看什麼不對就直說。他曾誇口全中國懂得《莊子》的只有兩個人，一個是莊子本人，另外一個就是他。劉文典擔任安徽大學校長期間，安徽大學爆發學生民主運動。蔣中正親臨安徽大學「視察」，嚴厲地要劉文典交出鬧事者。劉文典對蔣中正的態度很感冒，隔著桌子罵他：「我知道該怎麼做，容不得你這個舊軍閥來管！」蔣中正被罵得火大，衝上前去「啪啪」打了劉文典兩個巴掌。劉文典也不甘示弱，飛起一腳踹在蔣中正的肚子上，痛得蔣中正直不起腰來。最後，軍警們也不抓鬧事者了，改抓劉文典。劉文典被關押七天，經蔡元培等人營救出獄，但蔣中正撂下狠話：「劉文典必須滾出安徽！」馬上，清華大學校長羅家倫聘請劉文典出任清華大學國文系主任。劉文典換了一所學校，繼續去當他的教授。

民國大學的另一個趣聞是「破格錄取」。民國大學的錄取率相當低，著名大學的比例也就在百分之五左右。他們奉行的是「菁英教育」，錄取的都是最優秀的學子。對那些在某方面有天賦，卻偏重某些科目的考生，各大學校也紛紛量材錄用。比如北京大學就規定，在某一門或幾門考試中特別出色的考生，即使總分不夠，也可以錄取。羅家倫報考北大時，數學零分、作文滿分，胡適將他破格錄取。羅家倫後來成為清華大

學校長，錄取了英文滿分、數學才 15 分的錢鍾書；文史和英文滿分、數學才考 6 分的吳晗；國文和歷史滿分、英文 0 分的錢偉長。數學大師華羅庚連考試都沒有參加，就被清華錄取，他的經歷更傳奇。熊慶來當時在清華大學擔任數學系主任，從學術雜誌上偶然發現華羅庚的事跡，毅然讓只有國中文化程度的華羅庚進入清華學數學。這些人才，在求全責備的考試制度下，大概都會淪落為落榜生。同樣，在畢業環節上，清華大學也常常破格。著名詩人林庚畢業時不想寫學術論文，就提出用文學作品代替。當時的國文系主任朱自清考慮後，竟然同意他的要求。在既要求平時成績，又要求英語等級和發表文章情況的當今大學中，林庚的提議想必會受到院系嚴詞駁回。

民國大學之所以對學生如此寬鬆，是因為他們真正將人的思想和發展放在首位，而將成績放在次位。至於制度，更是因人而異、因時而異，斷不能讓制度束縛人的發展。比如浙江大學校長竺可楨問新生們兩個問題：「第一，到浙大來做什麼？第二，將來畢業後要做什麼樣的人？」如果學生們回答出這兩個問題，大學教育的目的就達到一半了；如果在大學期間就開始付諸行動，那麼他基本上就是一個合格的畢業生了。前一半是做人的問題，後一半是做事的問題，人和事都懂了，就可以步入社會了。

民國為什麼會湧現如此眾多的厲害知識分子呢？

有人說是思想啟蒙的結果，是民主與科學的功勞。有人說是讀書人身上「士大夫情結」的甦醒和振作。在筆者看來，其中非常重的原因，或者說是前提，還是「錢」的因素。

如前所述，民國的教育文化環境繁榮穩定、待遇優厚，知識分子基本生活無憂，手頭寬裕，實現經濟獨立。經濟獨立對知識分子尤為重要。任何人沒錢都會出問題，讀書人謀生方式有限，又喜歡擺架子，沒

錢更容易出問題，而且會出大問題。如果阮囊羞澀，讀書人就會一直想該怎麼賺錢，把大把大把的時間和精力都耗費在賺錢上，放棄了學問和思考。客觀上，窮書生一般也做不出好學問來——他連書桌都沒有，連紙墨都買不起，還奢談什麼學問？

更嚴重的是，很多知識分子在窘迫中選擇投身官府或攀附權貴，來解決生存和發展問題，將自己綁在其他人或團體的戰車上，完全喪失獨立性。這樣的人做出來的學問，出發點和品質都是非常可疑的。在讀書人和錢的關係問題上，魯迅先生有非常坦誠的見解：「錢——高雅的說罷，就是經濟，是最要緊的了。自由固不是錢所能買到的，但能夠為錢所賣掉。人類有一個大缺點，就是常常要飢餓。為補救這缺點起見，為準備不做傀儡起見，在目下的社會裡，經濟權就見得最要緊了。」（《魯迅全集》第 1 卷第 161 頁）

因此，有人就斷言：做學問是富家子弟的專利，貧寒子弟莫做學問，即便做了，也做不好！

但是，如果社會制度能夠提供寬裕的經濟基礎，任何人，不管有錢或沒錢，都是可以投身學界的。民國的大部分時期，就存在這樣的制度。民國大學及其中的讀書人，就有幸不用為生計問題而發愁，在相對富裕、獨立的環境中讀書、思考。「就是這種一不依附於『官』、二不依附於『商』的經濟自由狀況，成為他們言論自由的後盾。自己有了足夠的薪水，才能擺脫財神的束縛；自己有了足夠的發表權，才能超越權勢的羈絆。」（陳明遠《何以為生》第 10 頁）

軍閥辦大學

軍閥能辦大學？雖然軍閥們未必都是赳赳武夫，但身處兵荒馬亂之際，「有槍就是草頭王」，他們忙擴充隊伍、搶地盤還來不及，會投時間、投錢在大學上嗎？

會，而且這麼做的軍閥還不少！

張作霖是正宗的赳赳武夫，出身鬍子（東北話「土匪」的意思），呼嘯山林，可偏偏是在他主政東北時期，東三省的教育得到長足發展。張作霖說：「我沒讀過書，知道肚子裡沒有墨水的壞處，所以可不能讓東北人沒有上大學、求深造的機會。」這可以視為出身貧寒的一大群民國軍閥紛紛關注教育的共同原因，就像中國古代的土財主在富裕後，往往不惜重金聘請塾師教育子弟一樣。

張作霖時期，奉天（今瀋陽）的師範學校免學費和伙食費，學校免費提供三餐。奉天省立第一師範學校的學生伙食如下：早餐為稻米粥、鹹菜；午餐稻米飯、四菜一湯，兩葷兩素；晚餐四菜一湯，皆為素菜。星期六午餐改善伙食，有壇肉、木樨肉、黃花魚、海參等。張作霖還曾微服私訪，穿著長袍馬褂跑到各個學校對老師們鞠躬作揖，說些「教書育人責任重大」、「老師辛苦」之類的話。土匪大兵變得如此彬彬有禮，大概在場的老師們都有點受不了。

張作霖留下一句擲地有聲的名言：「寧可少養五萬兵，也要辦起東北大學！」東北大學從無到有，在奉天拔地而起，成為當時遠東的名牌高校，可算是張作霖尊師重教的一大成果。他每年撥出百萬經費，支持東北大學的發展。為了招攬一流人才，東北大學的薪水和待遇非常優厚，比關內北大、清華的薪水都要高。章士釗等名教授來東北任教，月薪高

達 800 元，抵得上一個連的軍餉了。此外，東北大學還蓋了教授新村，一座座高標準的別墅，免費提供給教授居住。絕大多數教授都是關內人，每次回鄉探親的花費都能報銷。當年梁思成在美國學成歸來，見多識廣的父親梁啟超比較了北大、清華等多所學校後，讓兒子去東北大學任教，可見東北大學的吸引力之大。

東北大學規模巨大，教授 300 人，學生 3,000 人，占地 900 畝，儼然是一座小城市。其中政府劃撥官地 200 畝，撥款 280 萬元，興辦了東北大學工廠；又撥地建立占地 100 畝的植物園。這些附屬設施，既方便了師生們的研究和實習，又能產生效益，保障學校的經費。張作霖剛提出要創辦東北大學時，日本人嗤之以鼻，覺得在文化薄弱的東北創辦大學幾乎不可能。他們還嘲笑說東北沒有必要辦大學，優秀學子直接留學日本，更方便、更經濟。十幾年後，東北大學辦得比絕大多數日本高校都要優秀，還吸引了不少日本學者來遊學、任教。日本人這才乖乖地閉上嘴巴。

張作霖的奉系在各派軍閥中算是財大氣粗的，有餘錢辦大學，而曹錕的新直系一向以「窮」著稱，手頭就沒有寬裕過。可曹錕也辦了一所大學，辦得還不賴。它就是保定的河北大學。

曹錕知道自己沒錢，辦大學不能憑銀子、憑規模等硬體，所以選擇了「提升軟體」的道路。事實上，河北大學的規模不大，待遇也不好。比如河北大學教授的月薪是二、三百元，明顯低於附近的北京、天津各大學。但是發薪水時，曹錕要求學校行政人員用紅紙把大洋包好，用托盤托著，畢恭畢敬地送去給教授。曹錕經常到河北大學，不訓話、不演講、不巡查，就在教授休息室候著，等教授們下課後，噓寒問暖。看到教授用顯微鏡做實驗，曹錕就說：「先生這樣用腦，太辛苦了。我每月才給先生那麼一點銀子，心裡太不落忍了！」看到教授臉上流汗，曹錕就

忙著要行政人員拿毛巾來，伺候教授擦汗。保定夏天酷熱，曹錕下令在教室裡裝鐵櫃，放冰塊降溫。別的軍閥都安排副官、親兵肥缺和實職，曹錕卻安排身邊的副官、親兵到大學裡當行政人員。這些大兵看到教授都畢恭畢敬、低聲下氣，看到外人就換上凶神惡煞般的嘴臉——此舉是為了防止有人到河北大學搗亂。

曹錕對教授很溫柔，對學生們則粗魯得多。他常常向學生訓話，每次都反覆強調一點：「這些教授都是我曹錕辛辛苦苦請來的，誰對教授無禮，就是對我曹錕無禮，我就要誰的腦袋！」剛說完，他轉頭就問教授們：「各位先生，你們看我說得有沒有理？」所以，雖然待遇不算好，但因為地位高、受尊重，學者們也還是願意到河北大學來任教。

西南軍閥劉文輝，也是一位手頭拮据的首領。他在四川軍閥混戰中失利，逃到川西的貧瘠蠻荒之地自立為王，後來建立了西康省。三、四十年代，內地學者去西康「科考」——可見此地的偏僻、未開發程度——發現當地的縣政府破爛得還比不上江浙一帶長工住的房子，再看縣長和公務員們，穿著打扮頂多就是一富農。可是，他們驚奇地見到，西康每一縣都有中小學，學堂造得乾淨寬敞，一點也不比其他省分差，學堂裡的老師穿著中山裝、揣著懷錶、拄著西式手杖，比縣長光鮮多了。一問，原來劉文輝下令：哪個地方的衙門比學堂好，當地的縣太爺就地正法！

「山西王」閻錫山也辦了一所大學，就是山西大學。但是他更值得一說的，是在山西境內推廣義務教育。閻錫山下令比較大的村鎮都要成立國民小學，適齡兒童都要上學。為了快速、有效地推行、普及教育，閻錫山想出一招：軍隊辦學！每個軍隊都要負責一個分區的辦學任務，比如一團負責哪個村哪個鎮的辦學、二團負責哪個村哪個鎮的辦學，都在作戰地圖上標明。團裡再分解給各個營、各個連。學校辦成，軍官們就

兼任校長；學校沒有辦成，軍官們也就不用幹了，回家種地去。太原城西有個東社村，建國民小學要徵用村裡的龍王廟。村民們迷信，反對廢龍王廟，圍攻前來辦學的老師。閻錫山聞訊，派晉軍混成旅的趙旅長去處理。旅長帶上大兵，荷槍實彈地占領了龍王廟。趙旅長親自拿起課本幫孩子們上課，大兵們就在龍王廟門口站崗放哨。東社村國民小學就這麼辦了起來。方法雖然粗暴了一點，效果卻立竿見影。

一個無法忽視的事實是，民國早期大學勃興，此時正是各派軍閥掌握實權之時。大學的發展離不開軍閥的支持（至少是不搗亂），各地方大學的崛起，更離不開當地軍閥的支持。不少大學就是軍閥創辦起來的。軍閥辦大學，骨子裡不是對文化教育的認同，更談不上對獨立、自由的認同，更多的是對自身經歷的一種總結。民國軍閥絕大多數出身貧寒，沒有受過系統教育（軍事教育不算），因此掌權後就想彌補早年的缺陷，「不讓孩子們再次受罪、遭受二遍苦」。我們可以從「狗肉將軍」張宗昌辦山東大學的例子上看出這一點。張宗昌是個文盲，土匪出身，最先在東北軍中混日子。張作霖在東北軍引入不少大學生將領，開會時許多軍官互相炫耀自己是哪個大學畢業的。張宗昌連那些大學名字都沒聽說過，既尷尬又自卑，但他又爭強好勝，常自稱：「老子是綠林大學畢業的！」占領山東後，張宗昌就決定創辦「山東大學」來揚眉吐氣。一開始，學校由他人任校長，後來張宗昌索性自兼校長。

大字不識幾個的張校長還到山東大學發表過演講呢！他說：「我張宗昌認不得幾個大字，今天輪到我當校長了，沒有多說的話，就一句：『人家欺負我們的子弟，我們不答應他！』」臺下師生一聽，開始驚詫，接著覺得心中暖暖的，就鼓掌起來。張校長接著說：「我是你們的校長，你們要靠我出來，你們不好好唸書，鬧革命，注意你們的腦袋！」你看，張宗昌是將山東大學當作自己「私產」的，將山東大學的學生視為自己的

門生和部下。他辦大學，是為了培植私人勢力，他可以給大學優厚的待遇和相對寬鬆的學習環境，但就是不能鬧革命、不能背叛自己。這樣的舊思維，估計在辦大學的各個軍閥腦中都有。

民國大學生也浮躁

20年代末，胡適出任中國公學的校長。胡適的校長室經常被學生圍得水洩不通，各種學生紛至沓來，請胡適指點學業、介紹工作或寫推薦信。此情此景，和如今大學裡著名教授的辦公室情形，何其相似。

民國大學成績斐然，人才輩出，瀰漫自由和獨立的精神。後人常常想像民國大學裡就是自由的天堂，人們都獨立清高，彷彿不食人間煙火。實際情況是，民國大學不是無菌室，也不是暖房，不能免於世俗因素和不良風氣的影響。何況，中國社會本是一個現實的社會，人們一直在教育上寄託過多的功利目的。民國的學堂，不可能立刻脫離種種歷史和現實因素的羈絆。民國的大學裡，「有學問大的泰，也有混飯吃的南郭先生。好大學辦得可以跟西方比肩，爛的野雞大學也比比皆是。同樣是海歸，有名副其實的名牌學子，也有克萊登大學的高足」。（張鳴《五光十色看民國》）

民國沒有全國高等學校考試，各個高校自行考試錄取學生。學生們必須趕場考試。像北大、清華等大學校，在全國主要城市設置多個考點，考試還算方便。多數學校只在所在地單設考場，考生們就只能千里迢迢趕考了。比如廣東學生想入學山西大學，就不得不趕到太原考試。為了增加錄取的成功率，大多數考生會一所一所大學考過去，奔波多個地方，堪稱「考霸」。每到考試時節，大學周邊的旅館人滿為患，住不起旅館的考生，就在校園裡找塊空地露宿，或日夜待在茶館裡。有錢的

考生吃館子，沒錢的考生就買個饅頭、大餅，配涼水充飢。如此趕場考試，對體力、精力要求都很高，難度一點也不小於科舉時代的三場連考。

在到處當「考霸」的年輕人中，醉心學問的人有，但不多，更多的是衝著大學的優厚待遇去的。民國時期，就業壓力很大，但是考取了任何一所大學，至少可以躲避四年，還可以享受四年衣食無憂的日子。如果大學文憑能幫他們謀得一個好飯碗，就更好了。

民國的大學文憑還是比較好的，即使進不了機關、當不成買辦，最差也能回鄉鎮當一名中學教師。飯碗是報考大學的首要考慮因素，其次是為了免除兵役。民國戰亂頻仍，先是軍閥混亂，接著是內戰和抗戰，最後又是內戰。軍閥部隊和國民黨軍對兵源的需求很大，地方政府為了完成徵兵任務，一度看到壯丁就抓——除非你有在校證明。

進入高校後，學生們在科系選擇上也過於功利。大批學子擠向工程、機械、礦產等「熱門」科系，急功近利。除了北大、清華等少數學校，其他大學中的基礎學科，比如文史哲和數理化等，在校生並不多。同樣，整個社會對基礎學科的熱情也不高。比如重視教育的張作霖，就訓令各地方政府，指出為了避免「學校多一畢業學生，即國家增一無業游民」，東三省要大興職業教育，「中國欲富強，必以職業為基礎，各校添授職業教育，實為當務之急」。在張作霖看來，教育要和職業緊密結合，而不是訓練人的思維、培養人的獨立精神，大學教育就是培養高級技術人才的。他的認知很有代表性，當時全國各地興辦了為數眾多的初級、中級職業學校，新興的多數高校也是工科院校。

遺憾的是，民國大學湧現出來的尖端工程技術人才很少，偏冷的基礎學科倒是人才輩出，不乏星光閃耀的宗師。既然是「基礎」學科，就說明它們在知識譜系中產生基礎作用，缺少了它的支撐，其他學科是不會真正發展的。可惜，民國時期多數人沒有這樣的意識。這固然和當時

中國積貧積弱，迫切需要技術，傾向見效快的工科有關；也和對西方文化的學習尚且停留在器物階段，沒有真正深入思想觀念的層次有關。

《上海鱗爪》中有不少關於上海大學的負面內容。當時上海「獨有開設什麼大學和什麼學院的，反如雨後春筍，蓬勃怒發。你看，每回到了招生時候，翻開報紙來看一下，大學和學院之多，足使你記不勝記、數不勝數」，是教育文化重鎮。可上海人將其中的不少大學稱為「野雞大學」。「本來大學是學府的最高機關，神聖尊嚴，萬民矚目，哪可以詆毀謂『野雞大學』呢？豈不罪過嗎？其實辦這種大學的人，他們的宗旨完全如交易所一樣，以營業為目的，故對校舍務求美觀軒敞，對學費則高昂非常，對學生純取放任主義，因此訓育和教育都馬馬虎虎，寄宿學生可以出外住旅館，上課點名可由他人代之，學生成績怎樣，他們也不注意。等到修業完畢，再馬馬虎虎給他一頂方帽子、一紙卒業文憑，就算盡他們的責任了。他們的內幕如是而已，莫怪人們要呼他為『野雞大學』了。」

野雞大學的出現，是供需關係的產物。社會上有輕浮之人，就想要一紙文憑，自然就有人開辦「文憑工廠」，收錢賣文憑，負責任的就注重一下教學品質，不負責任的才不管什麼教學和管理呢！一般浮躁大學生，「都以荒唐自務，如跳舞、賭博、嫖妓、住棧房等種種嗜好，他們都染上了，而且呼朋引類，競事徵逐，習以為常。什麼是攻讀，什麼是學問，他們都一概置之腦後，等到畢業時，騙到一頂方帽子、一張卒業文憑，就算責任已盡」。其中病根，固然可以歸咎於野雞大學的放任自由，更要歸咎於學生本身的浮躁。

留學之風在清末比較興盛，民國留學生很多，國內對歸國留學生也很重視，比如大學對留學生教員的晉升很快，常常一回來就是教授。社會上也想當然地覺得留學生有真才實學，推崇得很。晚清朝廷為了招攬人才，每年都舉行考試，對通過考試的留學生授予等同翰

林、進士、舉人等的出身。不可否認，留學生中人才濟濟，但也混雜著「方鴻漸」之流濫竽充數的東郭先生。早在光緒年間，就有歸國的留學生翰林，將「秋輦」讀為「秋輩」、「奸宄」讀為「奸究」，真實學問如何，可想而知。到了民國，「一班專慕虛名、不求實學的外國留學生，到外國去廝混了幾年，騙到一張文憑和一頂方帽子，神氣活現地歸來，足以擺擺威風、驕驕妻子」，時人稱這幫人為「鍍金博士」。「鍍金」兩字準確地表達了這幫人留學的目的，而他們利用的就是社會上對外國教育和留學生的盲目迷信。

《上海鱗爪》中甚至有女大學生賣淫的紀錄。民國時期，上海的「鹹肉莊」（妓院）多如過江之鯽，妓女的來源有姨太太、女伶、野雞、舞女等，還有真正的女學生。「原來在大學裡求學的女學生，她家庭的供給，每月多則數百塊，少則數十元，按理足以供她的生活，可是為了奢侈和浪費起見，實在不夠需用，不得不尋些外快生意做做，於是就犧牲了皮肉去搏取金錢，這就是她們讀書之外的一種醜業。」而大學男生逛妓院的紀錄，也不是沒有。北京城內八大胡同的一大主顧，就是各高校的學生。人都沉溺歡場之中了，還奢談什麼學業？

等到文憑到手、方帽子戴上，大學生們就各顯神通，各奔前程了。中國人很早就信奉「學而優則仕」，學堂自古就和官場連結在一起。科舉制廢除後，讀書不再和當官直接掛鉤，但是人們讀書當官的念頭並沒有消失。即便當不了官，人們也普遍將讀書，尤其是上大學，當作提升社會地位、謀得一口美食的途徑。於是，我們看到民國畢業生的首選職業，是去機關或國有大企業謀得一個鐵飯碗，其次是去洋人的銀行、商行做個管理人員，再次是去學校裡教書，極少有人去從事真正的實業。即便是學習工科的大學生，也是將專業背景當作敲門磚，去當官、去做管理人員，很少有人願意真的去建築工地、礦廠現場或製造工廠。北京

大學作為老牌的綜合大學，是中國少有的工科學生比例較低的大學。1918 年，北大在校學生總數 1,980 人，法科 841 人、文科 418 人、理科 422 人、工科 80 人，法科學生人數將近一半。到了 7 月，文科有 58 人畢業、理科 90 人、工科 17 人，而法科為 173 人，超過畢業生的一半。大部分年輕菁英選擇政法道路（也就是仕途），而選擇工礦實業或商貿物流的菁英（理工科）不到四分之一。

民國初年，黃炎培曾調查江蘇全省中學校學生畢業後的職業選擇，「大抵一百分中有二十五分升學，三十分得有相當職業，而其餘則皆失業之人，可嘆之至。若再細細研究，則升學者不能作為有職業觀也，即大學畢業生中亦何嘗無失業者，故此等學生最後之結果，失業與否仍屬一問題。若再調查其有事者，所就者究是何等事業，大抵為教育者居大多數，其次為各行政機關人員，而為生利之農、工、商者，竟無一人」。即便是民主共和的形式已經確立，讀書人依然把讀書作為當官的敲門磚，而不願意去從事「生利之農、工、商」。

從入學到畢業的種種情形，足可見民國大學生完全稱得上「浮躁」兩個字。

後人可以批評當時大學生的思維有問題，但不能忽視客觀因素。民國社會的分化遠不如後來發達，經濟也不如後來繁榮，大學生們的發展空間有限，還要承受巨大的壓力。雖然大學教授衣食無憂，但各校教職有限，教授名額更少，有幾個畢業生能夠拿上教鞭？雖然存在一批「自由撰稿人」，但他們的困頓、艱辛，不是外人能夠想像的。所以，民國大學生職業選擇有限，生活壓力大。說到底，還是「錢」的問題。正因絕大多數的年輕人沒錢、缺錢，所以他們不能追隨興趣、做想做的事情，不得不放下身段，考慮吃飯、穿衣、住宿等「俗務」。

來自浙江寧海一個小商人家庭的柔石，就因為承擔不起大學的生活

費用，而放棄大學夢。更多家境不如他的青年們，當然也無法圓夢。
1923 年，「南京大學生出身地主家庭的約占一半，大官僚、富商子弟占
十分之三，小資產階級約有百分之十五」。當時的老百姓，一年也只賺
入兩三塊大洋，能支持子女讀完初小就不錯了，哪裡有錢供養一個大學
生？即便勉強進入大學的中上家庭子弟，也面臨畢業後生存問題。柔石
後來在上海灘當「自由撰稿人」，在家信中承認：「彼輩（指魯迅等朋友）
云，吾們文人生活，永無發財之希望。抽版稅，運命好，前途可得平安
過活，否則一旦沒人要你教書，你就只好挨餓了。」有的人懷揣著文學
夢想來到上海，結果發現所謂的作家，都具備一個前提條件：不是文字
功底，而是在編輯圈子裡有廣闊的人脈——編輯是作者的衣食父母啊！

「政治來過問我了」

中國是一個泛權力的社會，權力因素滲透到社會的各個時期、各個
領域。民國大學也不是絕緣體，也受到權力因素的侵蝕。富裕穩定的物
質條件並沒有幫大學和師生們構築起無菌室。師生們不能孤坐書桌前一
心只讀聖賢書、兩耳不聞窗外事，也要徘徊在書本和政治之間。

徐鑄成回憶著名學府武漢大學的內鬥，向後人展示了高校內部的黨
同伐異、鉤心鬥角。武漢大學校長王某和教務長周某不和，在校內是人
所共知的事情。王某是安徽懷寧人，周某是湖南長沙人，兩人拉攏同鄉
同學、各樹山頭，形成「湘軍」和「淮軍」的戰爭。雙方爭鬥不是以學
校發展為宗旨，而是你贊成的，我就反對、你執行的，我就阻撓，置學
校發展於不顧。

官場上的等級、特權也侵入校園。民國大學也逐漸行政化、官僚
化，產生許多不公正、不透明的現象。還是以武漢大學為例：普通教師

蝸居在簡陋棚裡，學校管理層住在小別墅裡，「好在這些小洋房花錢不多，設計不難，在校舍落成以前，早在前山建築好了，到 1931 年的夏天，權貴們帶著他們的妻室兒女，乘著學校的汽車陸續搬進」。中文系有個年輕教師不明就裡，冒失地占了一間房。生物系教授兼總務主任張某也看中了這間房。他的外甥、事務科的左科員帶著木工來了，劈里啪啦地把全部窗子卸下，把年輕教師的鋪蓋書籍扔個稀巴爛。年輕教師落荒而逃，一點辦法也沒有。官僚體制的一大特點是「養閒人」，民國大學裡也有純粹混飯吃的閒人。其中既有各方塞進來的行政人員，就連老師也有濫竽充數的。看看《圍城》中三閭大學諸位老師的德行，讀者就能略知一二了。

因為民國大學經費的主要來源是國家撥款，各學校不得不仰仗政府的支持，自然難免政府公權力的入侵。1912 ～ 1916 年，袁世凱統治時期，教育經費有保障，師生們的待遇優厚，且比較穩定；袁世凱死後，軍閥混戰，教育經費常常有上頓沒下頓，捉襟見肘。這種情況在新直系掌權時期尤其突出。1919 年的中央預算中，軍費占預算支出 42%，而教育經費卻不及 1%，許多學校因經費短缺而出現困難。蔡元培為此在1922 年發表〈教育獨立議〉一文，主張教育不受黨派和教會控制，「超然物外」。同時在北京成立的「全國教育獨立運動會」發表宣言，揭露近年以來「兵災頻仍，政潮迭起，神聖之教育事業，竟飄搖盪漾於此卑汙齷齪之政治、軍事之漩渦中，風雨飄搖，幾瀕破產」，主張教育獨立。遺憾的是，知識分子們義憤填膺、熱火朝天，北洋政府漠然處之，沒錢時照樣拖欠教職員薪水。新直系掌權時期，連教育部公務員的薪資都拖欠。1926 年，北京政府教育部公務員為索取拖薪，查封《四庫全書》作為抵押品和政府談判；北京中小學聯合會教員集會，決定輪流向政府索薪；夏天，北京國立八校校長因經費無著，無法開學，聯名辭職。當時

魯迅是教育部的公務員，起初教育部拖欠薪水時他還無動於衷，因為他在多所學校兼職，有大筆外快收入；後來連學校都發不了薪水了，魯迅生活困難起來，不得不加入討薪的行列。

1927 年南京國民政府成立後，教育得到整頓，撥款恢復正常，大學的待遇還有了一定的提升。義務教育就是在這個時期開始普及的，政府承擔大頭費用，學生每年只需承擔幾塊錢的學雜費。基層小學教員月薪也有 30 元，能保障衣食無憂。然而，國民政府的錢不是白給的，他們一手撥款，一手在學校推行「黨化教育」，包括將三民主義作為必修課、在學校裡建立國民黨和三民主義青年團組織等。好在教授、學者們的熱情不高，國民政府的權威始終不牢靠，黨化教育推行的效果並不好。一些學校虛應故事，另一些學校則拉不起架子，倒是學生們的思想日漸激烈，不辭辛苦投奔延安的人越來越多。

抗日戰爭的八年，是中國社會財富重新分配時期。政局動盪，物資緊張，通貨膨脹，物價飛漲。40 年代開始，中國人常常抱著整麻袋的鈔票去買生活必需品。掌握資源的人們暴富，但很多群體則在動亂中被拋棄和傷害。單靠薪資收入過生活的教師群體，就是被拋棄和受傷害的人——因為發放到手的薪資不值錢了，最後甚至形同廢紙了。

戰爭打響後，武漢大學搬到四川樂山，堅持開學。通貨膨脹之風未起之時，武大教師們在樂山算是不折不扣的高收入群體。樂山人稱武漢大學的人為「中央人」，中央人的收入雖然和戰前想必已經大為減少，但是生活水準還是遠遠高過當地百姓。當地的餐飲服務業立刻興旺起來，還引來各家銀行在樂山開設分行。隨著通貨飛速膨脹，老師的收入江河日下，最後連一般職員都不如了，生活馬上陷入困頓。教授們也不得不背上一大包萬元面額的紙幣，擁向小商鋪，爭購廉價的商品。至於變賣衣服、首飾、家具，更是家常便飯。

　　清華教授聞一多全家老少八口，之前「在清華無飲食之憂，有錢一日可揮十數金，無錢整月不用，亦常晏如」，如今能吃上白米飯、喝上一口湯，就算是正常生活了。窮得沒有辦法，聞夫人只得去擺地攤叫賣舊襯衫。聞一多猶豫再三，忍痛把從北平一路輾轉帶在身邊的幾部寶貝古籍賣給學校，換一些錢買米下鍋。把書送到圖書館時，聞一多酸溜溜地說：「將來回北平，我還會贖回來。」最後，聞一多家徒四壁，搬家的時候，全家人「輕裝轉移」，提起包裹就走。

　　1941 年 11 月間，西南聯大 54 位教授發表聯合聲明，希望改善教師生活。聲明指出：「始以積蓄貼補，繼以典質接濟。今典質已盡，而物價仍有加無已。……若不積極設法，則前途何堪設想。」教授們積極自救，西南聯大的一些教授「賣文售字」。1943 年，聞一多與楊振聲、馮友蘭、鄭天挺、羅常培、陳雪屏、唐蘭、沈從文、彭促鐸、浦江清、羅庸、游國恩共 12 位教授刊登「開源之道」的廣告，將「潤格」一一注明。其中聞一多替人刻字，石章每字 100 元，牙章每字 200 元（西南有象牙，人們習慣用它刻章，但象牙比石頭堅硬難刻）。到 1944 年，聞一多的潤格提高為：「牙章每字 1,000 元，石章每字 600 元，邊款每五字作一字計算。」倒不是聞一多坐地起價，而是物價在一年之間翻了好幾倍。為了多賺一些錢，聞一多幾乎是沒日沒夜地刻字，有空時、深夜時、會客時……刻刀都不停下。

　　難能可貴的是，即便是在異常艱苦的時刻，教授們也沒有放棄獨立、自由的姿態，保持高傲的靈魂。1945 年「一二・一慘案」後，鎮壓學生運動的李宗黃送來一方玉石，請聞一多刻印，許諾報酬優厚。聞一多將玉石原樣退回。在顛沛流離、艱難困頓的流亡途中，學校的教學品質不減，成果照出，整體學術水準並沒有因為時局和經濟因素而下降。

　　國民政府將抗日戰爭視為集權專政的良機，借抗日之名，行集權專

制之實，大力聚攏權力，政府公權力日益侵蝕其他領域。在大學方面，國民政府提出「國防教育」，在全國推廣「統一教材」，甚至提議「大學領導者必須入國民黨」。

國民政府對學校的控制，的確有所加強，但代價是沉重的。它將大批教師、學生推到自己的對立面。清華教師吳晗曾一心考據，不問政治，「1937～1940 年，我還是和在清華時一樣，埋頭做學問，不過問政治。1940 年以後，政治來過問我了。人口多了，薪資卻一天天減少，法幣日益貶值，生活日漸困難。加上日機轟炸，成天逃警報。前方盡是『轉進』，越打越『轉進』到腹地來了，四大家族發財成為風氣，老百姓活不下去，通貨無限制地膨脹。昆明這個小城市充斥美貨，蔣中正特務統治，民主自由的影子一點也沒有。對外屈辱，對內屠殺。對蔣中正的不滿日益增加，在文章裡、在講壇上，寫的說的都是這些，因為沒有政治鬥爭經驗，但比較敏銳，和青年合得來；常在一起，我的思想有了轉變。」一句「政治來過問我了」，頗有一股逼上梁山的味道。和吳晗一樣，開始談論政治問題的知識分子越來越多，思想隨之發生重大變化。

參考文獻

[澳] 布賴恩‧馬丁著：《上海青幫》，上海三聯書店，2002 年 9 月版。

[美] 費正清著：《劍橋中國晚清史》下卷，中國社會科學出版社，1985 年版。

陳明遠著：《何以為生：文化名人的經濟背景》，新華出版社，2007 年 6 月版。

傅冠群主編：《湖南社會大觀》，上海書店出版社，2000 年 1 月版。

郭裕懷主編：《山西社會大觀》，上海書店出版社，2000 年 1 月版。

黃仁宇著：《關係千萬重》，生活‧讀書‧新知三聯書店，2004 年 4 月版。

全國政協文史與學習委員會編：《親歷辛亥革命：見證者的講述》（上中下三卷），中國文
　　史出版社，2011 年 12 月版。

夏雙刃著：《亂世掌國：平議民國大總統》，九州出版社，2006 年 2 月版。

郁慕俠著：《上海鱗爪》，上海書店出版社，1998 年 3 月版。

姚穎著：《京話》，上海書店出版社，2000 年 6 月版。

張程著：《辛亥革命始末》，紅旗出版社，2011 年 9 月版。

張程著：《總統們：民國總統的另一面》，國家行政學院出版社，2011 年 9 月版。

張鳴著：《歷史的壞脾氣》，中國檔案出版社，2005 年 10 月版。

張鳴著：《辛亥：搖晃的中國》，廣西師範大學出版社，2011 年 1 月版。

張鳴著：《民國的角落》，紅旗出版社，2011 年 9 月版。

張憲文主編：《中華民國史綱》，河南人民出版社，1985 年 10 月版。

朱宗震著：《真假共和：1912 的中國憲政實驗的臺前幕後》，山西人民出版社，2008 年 7
　　月版。

朱宗震著：《真假共和：1913 的中國憲政實驗的困境與挫折》，山西人民出版社，2008
　　年 12 月版。

朱宗震著：《大視野下清末民初變革》，新華出版社，2009 年 4 月版。

程巢父著：〈國民政府行憲之初的選舉糾紛〉，《南方週末》，2008 年 1 月 31 日第 23 版。

劉超著：〈中國大學的去向：基於民國大學史的觀察〉，《開放時代》，2009 年第 1 期。

李開周著：〈民國也「蝸居」〉，《百家講壇》，2011 年第 11 期。

雷秀民著：〈國民黨選舉「國大代表」黑幕一例〉，《廣州文史資料存稿選編》第一輯。

雷頤著：〈嚴復的進化與保守〉，《經濟觀察報》，2010 年 12 月 7 日。

祁家振、谷天平整理：〈國大代表過效六之死〉，《含山文史資料（第一輯）》。

秦立海著：〈1948 年李宗仁競選「副總統」始末〉，《縱橫》，2009 年第 2 期。

參考文獻

孫宅巍著：〈南京國民黨政權的腐敗與覆亡〉，《大江南北》，2006 年第 6 期。

文振宜著：〈宜昌「國大代表」選舉紀實〉，《湖北方志》，2004 年第 5 期。

薛林榮著：〈民國教育給我們的借鑑〉，《教師博覽》，2008 年第 1 期。

張惠著：〈民國教師掙多少錢？〉，《中華遺產》，2011 年第 3 期。

趙書願著：〈江川縣競選「國大代表」逸聞〉，《江川文史資料》第一輯。

後記：百年之後看民國

感謝大家閱讀本書！

從 1911 年到現在，辛亥革命的槍聲已經整整響起 100 多個年頭了。站在這個時間點上，回頭遙望民國歲月，是一件有意義的事情。本書就切入民國若干方面的內容，抹去附著的塵埃，重溫彼時的情形，希望達到以小見大、以點見面的效果。

近年來，民國題材的圖書就在市場上升溫。我也湊熱鬧出版了一兩本書。期間有一些零星的資料，包括近代中國的政治發展、社會思潮、行業發展、百姓生活和個人命運……等，雖然不系統、不全面，但頗有意思，或者能夠見微知著，或者散落開去就是沙土中的礫石、串聯起來就是珍珠。透過這些細微的亮點，我們可以了解民國歷史的宏大景象。本書就是沿著這個思路，梳理民國的面相，姑且當作對民國的一個最基本說明。這是我個人閱讀和感悟的總結，希望讀者從閱讀中能夠獲得些許贊同和認知。

書中所論之事、所引之史，不盡是正史、鐵證，但我認為頗能反映真實的景象，有助於我們指向歷史核心，所以將這些「稗官野史」一併載入、轉述。其中難免有讓行家笑話、讓讀者指責的錯誤。我對本書內容承擔所有責任，也歡迎讀者批評指正。

謝謝大家！

張程

歷史陣痛期，不合時宜的民國：

十里洋場的繁華與陰影，知識分子的抗爭與信仰……中國處在變革的時期，記錄百年之後的時代記憶！

作　　者：張程

發 行 人：黃振庭

出 版 者：崧燁文化事業有限公司

發 行 者：崧燁文化事業有限公司

E-mail：sonbookservice@gmail.com

粉 絲 頁：https://www.facebook.com/
　　　　　sonbookss/

網　　址：https://sonbook.net/

地　　址：台北市中正區重慶南路一段六十一號八
　　　　　樓 815 室

Rm. 815, 8F., No.61, Sec. 1, Chongqing S. Rd.,
Zhongzheng Dist., Taipei City 100, Taiwan

電　　話：(02)2370-3310

傳　　真：(02)2388-1990

印　　刷：京峯數位服務有限公司

律師顧問：廣華律師事務所 張珮琦律師

定　　價：299 元

發行日期：2023 年 11 月第一版

◎本書以 POD 印製

Design Assets from Freepik.com

國家圖書館出版品預行編目資料

歷史陣痛期，不合時宜的民國：十
里洋場的繁華與陰影，知識分子的
抗爭與信仰……中國處在變革的時
期，記錄百年之後的時代記憶！ /
張程 著 . -- 第一版 . -- 臺北市：崧
燁文化事業有限公司 , 2023.11
面；　公分
POD 版
ISBN 978-626-357-781-7(平裝)
1.CST: 民國史
628　　　112017211

電子書購買

臉書

爽讀 APP